eu
te amo,
mas
não te
quero
mais

FÁBIO
GUILLEN

eu
te amo,
mas
não te
quero
mais

academia

Copyright © Fábio Guillen, 2023
Copyright © Editora Planeta do Brasil, 2023
Todos os direitos reservados.

Preparação: Fernanda França
Revisão: Bonie Santos e Caroline Silva
Projeto gráfico e diagramação: Anna Yue
Ilustrações de miolo: Freepik
Capa: Anderson Junqueira

Dados Internacionais de Catalogação na Publicação (CIP)
Angélica Ilacqua CRB-8/7057

Guillen, Fábio
  Eu te amo, mas não te quero mais / Fábio Guillen. - São Paulo: Planeta do Brasil, 2023.
  160 p.

  ISBN: 978-85-422-2247-0

  1. Desenvolvimento pessoal 2. Relações interpessoais I. Título I.
23-2411   CDD 158.1

Índice para catálogo sistemático:
1. Desenvolvimento pessoal

MISTO
Papel produzido a partir de fontes responsáveis
FSC® C019498
www.fsc.org

Ao escolher este livro, você está apoiando o manejo responsável das florestas do mundo

2023
Todos os direitos desta edição reservados à
EDITORA PLANETA DO BRASIL LTDA.
Rua Bela Cintra 986, 4º andar – Consolação
São Paulo – SP – CEP 01415-002
www.planetadelivros.com.br
faleconosco@editoraplaneta.com.br

Sumário

Introdução   7
Desistir dói   11
É hora de deixar doer   19
Eu amo, mas preciso me livrar desse amor   29
Onde eu me perdi?   41
Aceitar o fim é o começo   49
Idealizei uma pessoa que não existia   59
O apego me pegou   65
Os motivos para o fim   71
Sentimento de fracasso   77
Você era a minha razão de viver   79
A coragem de enxergar o óbvio   85
Não consigo desistir da gente   91
É hora de pedir ajuda   95
As curvas da vida   101
O poder dos momentos difíceis   105

O prazer em viver a solitude   109
Quando um novo amor me encontrar   111
O que esperar de uma nova relação   115
Não procrastine!   121
Uma pílula poderosa   125
Uma viagem me fez voar   133
A construção das asas   149

Introdução

Quem dera o amor acabasse dentro da gente após uma decepção amorosa, como uma traição ou uma mentira. Seria perfeito se a dor ou a decepção atingissem imediatamente o amor como dinamite e o destruíssem em segundos. Infelizmente, não é assim. Apesar de toda a raiva, ódio e frustração, o amor continua exatamente do mesmo jeito dentro da gente logo após um término de namoro ou casamento. Então, por que dizemos que não amamos mais? Nos escondemos dentro da cápsula do orgulho e falamos da boca para fora que não amamos mais. Não se engane: se terminou um relacionamento recentemente, você ainda ama e vai amar por um bom tempo. Esse amor só vai embora quando você reconhecer que ainda ama, mas que os fatos e motivos que levaram ao fim são maiores que qualquer outra coisa e, por isso, não tem mais volta.

Quando descobrimos traições e mentiras, é normal amar e não querer mais. Quando isso acontece, somos lançados no precipício do término amoroso. Digo precipício porque não esperávamos descobrir uma traição ou falta de respeito e, ao nos depararmos com essa nova realidade, somos mesmo lançados num precipício. Agora, se o motivo do fim foi a falta de conexão ou o esgotamento, acredite, você também será lançado em algum precipício. A partir desse ponto, você tem duas opções: reaprender a caminhar e alçar novos voos ou se abandonar, não lutar pela sua melhora e se esborrachar no final do penhasco. Se a primeira opção é mais importante para você, com certeza este livro vai te ajudar a entender a dor, os processos, o que é importante e o que não é na hora de ressignificar o término, lamber as feridas e aprender a voar.

Não confunda amar com uma obrigação de ter que viver o resto da vida ao lado de uma pessoa. Não! Você não precisa ficar ao lado de todo mundo que você ama. Por melhor que seja essa pessoa e por maior que seja esse amor, amar também é deixar ir embora. Às vezes, a conexão não é o suficiente para sustentar essa companhia. O maior problema é que não fomos ensinados a desistir e assumir que podemos fracassar. Desde crianças, somos treinados para vencer, conquistar e fazer sucesso, tanto na vida pessoal quanto nos relacionamentos. No entanto, sabemos que não é bem assim. Viver a dois é algo muito sério e nem todos que se encontraram por um acaso do destino viverão felizes para sempre. E aí, como lidar com essa situação? Como colocar um ponto-final numa relação amando a pessoa? Como lidar com uma traição inesperada? Nem sempre somos notificados das decisões dos outros e, na hora do desespero, não percebemos que esses momentos difíceis e dolorosos podem ser grandes momentos de reflexão e aprendizado. Pensando em tudo isso, escrevi este livro para mostrar que é possível aceitar o término mesmo quando se ama e que você pode mudar a sua forma de ver o mundo, as coisas e as relações que te cercam. Vamos voar?

Este livro é resultado da meditação.
Foi graças a essa técnica que encontrei
uma consciência que me permitiu pensar,
refletir e colocar no papel experiências
próprias e de outras pessoas.
Foi a meditação também que me livrou de
uma das piores dores que já senti na vida.

Desistir dói

É triste ver que uma história linda que tinha tudo para dar certo chegou ao fim. Mais triste ainda é quando o sentimento já não se sustenta. Quando o relacionamento acaba, fica sempre aquele buraco dentro de nós e, ao relembrarmos os momentos vividos juntos, chega a dar um nó na garganta. Dizer adeus para alguém nunca é fácil, independentemente do contexto, mas dar adeus para uma pessoa que amamos é bem pior. Sentimos falta do carinho, daquela visita inesperada, dos abraços, dos jantares românticos, do jeito de falar, de dormir abraçadinhos, do cafuné, porque tudo o que era gostoso de viver a dois acaba do dia para a noite. É um vazio tão grande que nada nos preenche.

    Você vai para a balada, mas a festa fica sem graça; até aceita um convite dos amigos para ir àquele barzinho, mas, ao tomar a primeira bebida, o vazio bate novamente. Isso costuma acontecer porque, além de sentir saudade, ficamos nos questionando se um dia encontraremos novamente esse aconchego de ter alguém especial. Fica aquele misto de saudade com o medo de não encontrar uma pessoa que desperte o melhor que existe dentro da gente de novo. Temos o hábito de entender o término somente como algo ruim para nós mesmos. É como se o saldo tivesse ficado negativo na sua conta bancária. É uma sensação de que estamos perdendo, igual a quando perdemos dinheiro, mesmo. Um sentimento de que algo muito valioso nos foi tirado e agora teremos que encarar as consequências disso.

Mas você já parou para pensar o que o outro também está perdendo? Imagine que a pessoa também está deixando para trás um ser humano único. Somos totalmente diferentes uns dos outros, com qualidades individuais. Cada pessoa tem um cheiro, um olhar, um toque, uma pele, um beijo, e seu ex-amor também perdeu isso. Perdeu porque essa pessoa jamais estará com alguém exatamente como você. Ela não deixou para trás somente planos, sonhos, expectativas, mas também sentimentos e sensações que somente você poderia proporcionar a alguém. A dor é para todos, e não existe ser humano algum na Terra que um dia não experimente esse mecanismo que habita em nosso corpo.

A dor da perda de alguém que amamos é uma das piores experiências que um ser humano pode provar. Sentimos nosso corpo inteiro perdendo a comunicação consigo mesmo, nada funciona direito. O estômago embrulha, a cabeça dói, o peito fica pesado, assim como a respiração, e vem aquela sensação de frio na barriga o tempo todo. Tudo o que a gente quer é encontrar uma forma de aliviar ou acabar com essa dor. É algo sufocante, desesperador, dá vontade de sair gritando, mas infelizmente nada ameniza de forma imediata essa sensação de morte.

Seria perfeito se fosse possível tomar um remédio e aliviar os sintomas do término de uma relação. Aliás, se um dia alguém inventar a pílula do término amoroso, criará a tão sonhada galinha dos ovos de ouro, ainda mais nesse momento em que os relacionamentos estão cada vez mais líquidos, ou seja, escorrendo entre os dedos. Essa dor precisa ser curada de dentro para fora, e a cura começa pela mente.

    A neurociência explica que toda dor é importante para a nossa sobrevivência porque indica que algo está errado, é como se fosse um sinal de alerta. Por ser desagradável, temos a percepção de que a dor é algo extremamente negativo, mas não é. O que precisamos após um término amoroso é aprender a conviver com essa dor por alguns dias, semanas e até meses, dependendo de cada caso. Cada indivíduo tem uma intensidade de dor e, sim, sua dor pode ser maior do que a de outra pessoa que esteja passando pelo mesmo processo.

OS DIAS EM QUE ACORDO PENSANDO EM VOCÊ SÃO OS PIORES.
É UM VAZIO TÃO GRANDE QUE A SENSAÇÃO É DE QUE NÃO VOU CONSEGUIR RESPIRAR.
DAÍ LEMBRO QUE FOI MELHOR ASSIM E TENTO FICAR BEM.

Tem dias em que parece que só a presença da pessoa nos fará acalmar o coração, que, em um ato de desespero, bate forte, pula no peito e gera ansiedades pelo corpo todo, a começar pelo estômago, que embrulha de tanta saudade. A vontade que dá é de pegar o telefone e ligar correndo para a pessoa, tentar conversar, marcar algo, ir até a casa dela, sentir de novo aquele abraço que por muito tempo foi o abraço mais confortável que existiu. Só de pensar nisso o corpo já começa a sentir um pequeno alívio, não é mesmo? Parece que a felicidade vai voltar só de imaginar vocês dois juntos novamente. Mas e aí, será que vale a pena mesmo? Será que continuar sentindo essa dor no peito, essa angústia, essa ansiedade, não é o melhor para o momento?

Muitas vezes, o melhor caminho é o mais difícil. Não se conquista nada de forma fácil, a não ser que você tenha o dom da magia e, em um piscar de olhos, realize seus desejos e vontades. Até mesmo os mais ricos e poderosos não conseguem se satisfazer e se realizar com facilidade. É que, quando estamos sofrendo por alguém, queremos voltar para o que é mais fácil, mas na maioria das vezes o caminho mais difícil é o que vai te levar para uma estrada mais tranquila, feliz e leve. Pegar o atalho de volta pode ser muito perigoso para o seu emocional e para sua paz.

No início, pode ser a melhor sensação do mundo reviver aqueles momentos mágicos que vocês tiveram a dois. Sentir de novo o abraço, o beijo, o cheiro, o sexo, é algo tentador, concordo. Mas em poucos dias tudo voltará ao normal, à rotina antiga, aquela mesma que fez com que vocês terminassem (isso se não houve outro motivo). E aí, qual será o melhor caminho? Continuar sentindo a dor por um tempo e logo depois encontrar a paz e a plenitude que virão com as lições e aprendizados desse término doloroso ou pegar o atalho de volta para a felicidade passageira? A escolha é sempre sua.

Só pense sempre: independentemente da forma como acabou, se foi você quem terminou ou a outra pessoa, os dois sofrem, porque a dor é uma manifestação do nosso corpo. Se seu ex-amor está postando fotos feliz da vida nas redes sociais com outra pessoa após alguns dias de término, pode ter certeza de que é somente para chamar a atenção, porque não é possível virar a chave e se desligar assim do dia para a noite. Certa vez, minha terapeuta me disse que o sofrimento é alimentado. Eu alimento o sofrimento. Estranho, né? Vou te explicar como minha psicóloga me orientou e me ajudou a superar um término.

Durante uma sessão, ela percebeu que eu alimentava minha dor. Estava doendo muito, mas eu continuava *stalkeando* a pessoa nas redes sociais, mantendo conversas sem um motivo plausível, pensando somente nas coisas boas do relacionamento que já tinha acabado. Isso funciona como um alimento para o sofrimento. Minha terapeuta explicou que existem pessoas que passam a vida inteira presas ao ex-amor por conta dessa romantização que criamos com a pessoa que se foi. Era como se eu precisasse ficar ali mantendo a conversa, o papo, vendo as redes sociais, para alimentar meu ego.

O ego, segundo o pai da psicanálise, Sigmund Freud, é um termômetro emocional que pondera os prós e contras de nossas ações. Geralmente, o ego não quer perder, é um carinha que quer sempre ter razão e não se importa se você está bem, se está se alimentando adequadamente após esse término, se o ex-amor te fazia bem etc. O ego, como eu disse, não quer perder e projeta na gente o desejo de ficar de olho na pessoa que se foi. O que acontece com isso? Eu alimento por dias, semanas e até meses esse sofrimento. Não existe um prazo ideal para que a dor e o sofrimento passem, isso varia de pessoa para pessoa. No entanto, em boa parte dos casos de separação, ambos começam a ter uma melhora na dor e no sofrimento após três meses. Há pessoas que superam o sofrimento antes e algumas que demoram ainda mais para passar por esse momento. Tudo vai depender da forma como você alimenta seu sofrimento.

Parar de *stalkear*, parar de ir atrás e evitar conversas pode ser o melhor caminho para a superação. Se depois de alguns meses vocês acharem que a relação pode virar uma amizade, perfeito, voltem a se falar, mas inicialmente é melhor cortar o máximo de relações possível.

Vou contar uma história para ilustrar um término.

Kristiane passou pelo menos cinco meses alimentando a dor e o sofrimento do término. Era algo involuntário, ela mal sabia o que estava fazendo consigo mesma. Após dez anos de casamento, veio uma separação dolorosa causada por uma traição da parte dele. Kristiane corria atrás, cercava-o na saída do prédio, buscava saber quem ele estava seguindo nas redes sociais, assistia aos vídeos do ex-companheiro em festas e lanchas com muitas mulheres ao redor e tudo mais que você possa imaginar. Assistir ao ex seguindo a vida feliz e aproveitando era muito doloroso, mas Kristiane não percebia isso. Ela achava que um dia ele voltaria e mantinha essa idealização perigosa. Certo dia, após meses alimentando esse sofrimento, ela se encontrou com o ex-companheiro por acaso. E esse encontro não foi nada legal.

EU CONFIEI TANTO EM VOCÊ. ENTREGUEI TUDO NAS SUAS MÃOS. JURAMOS QUE SERÍAMOS VERDADEIROS UM COM O OUTRO, MAS VOCÊ NOS TRAIU NA PRIMEIRA OPORTUNIDADE. E AGORA, O QUE EU FAÇO COM TUDO O QUE VOCÊ ME PROMETEU? E O "PARA SEMPRE"?

Aquele brilho no olhar que ela amava ver no rosto dele não apareceu. Ele estava frio, porque já havia tirado Kristiane da vida dele completamente, mas ela não seguiu em frente e ficou esperando um milagre cair do céu. Kristiane sentiu no peito uma das piores dores de sua vida. A dor era maior porque ela sabia que já poderia ter passado dessa fase se tivesse se mantido quieta no próprio canto. Mas não, ela optou por assistir de camarote ao ex-marido ir embora tentar ser feliz com outra. E detalhe: ele seguiu firme com o aval dela, porque ela sempre mandava mensagens, ia atrás dele, e isso gerava conforto e força nele para continuar a vida.

Imagine que delícia você terminar um relacionamento e sua ex ficar disponível para você na hora em que você quiser? Perfeito, né? Dá para seguir a vida, conhecer pessoas e, se nada der certo, a ex estará aguardando loucamente a sua volta, o que geralmente não acontece. É como se Kristiane tivesse dado a segurança para que o parceiro fosse embora tranquilamente com a certeza de que, se ele precisasse, ela estaria ali.

Mas o que fazer para sair desse marasmo de sofrimento? Posso te recomendar o autoconhecimento. Essa é uma das ferramentas mais poderosas para quem quer conhecer as próprias emoções e conseguir sair de situações difíceis. Não pense que existe fórmula mágica para esquecer o ex em cinco minutos. O que existe é um esforço que precisamos fazer para conseguir ressignificar o que aconteceu no relacionamento. Terapia, meditação, ioga e esportes são boas opções que vão te ajudar nesse processo de autoconhecimento. Outro caminho é não guardar essa dor e esse sofrimento para você e não ter vergonha de falar para as pessoas ao redor que está doendo. Não adianta você falar que não está, porque seu corpo vai dar sinais. Talvez você não veja algo positivo agora, mas em pouco tempo sua vida voltará a fazer sentido e um novo caminho vai se abrir. E, por falar em dor, vamos para o próximo capítulo?

É hora de
deixar doer

Um término amoroso pode ser comparado a se despedir de uma pessoa querida que não está mais entre nós. Quem entende essa fase como um luto consegue viver intensamente cada etapa e compreender tudo que aconteceu de bom e ruim durante o tempo a dois. Muitos psicólogos e psiquiatras falam sobre a elaboração do luto e sobre quanto ele é importante para que possamos passar pela dor.

Estudei muito a importância do luto nas aulas da disciplina de saúde mental na faculdade de psicologia que estou cursando. Minha querida professora Eliane Alecrim de Carvalho, uma excelente psicóloga, disse em uma das aulas que o luto é um processo psicológico que precisamos elaborar para nos adaptarmos a alguma perda, seja de um ente querido, seja de um relacionamento. É um momento em que a nossa mente precisa entender e assimilar o que está acontecendo a partir da perda ou da nova realidade na qual fomos inseridos. Trata-se de um processo de extrema importância para que possamos aceitar essa "porrada" que a vida está nos dando. A professora Eliane é uma grande especialista no assunto luto e sempre dizia nas aulas que cada sujeito reage de uma forma diante da dor e que essa reação tem tudo a ver com a construção psíquica da pessoa ou com suas vivências, suas experiências e a forma como as emoções do indivíduo que perdeu foram constituídas.

De fato, perder não é fácil para ninguém. Por mais que a pessoa tenha vivido algumas experiências ruins ao longo da vida, cada perda é única e nos impacta de forma diferente. O que não podemos fazer é repreender a dor, tentar ser fortes demais, não chorar, guardar para nós o sentimento ruim. Se isso acontecer, nos afogaremos em nossas próprias emoções. Guardar a dor para si só adiará as emoções, que chegarão em forma de mais dor, mudanças de humor repentinas, choros prolongados, sentimento de culpa e muito mais.

O DUELO ENTRE O CORAÇÃO E A MENTE É UM DOS MAIS DESAFIADORES QUE EXISTEM. ENQUANTO A MENTE DIZ PARA FUGIR DESSE SENTIMENTO, O CORAÇÃO GRITA POR MAIS UMA OPORTUNIDADE.

Eu sempre gostei muito de ler as obras da psiquiatra suíça Elisabeth Kübler-Ross, que estudou por muitos anos a dor e o luto. Elisabeth publicou diversos livros que são uma reflexão sobre a morte e a vida. Após as leituras, até comecei a ver a morte como uma fase natural da vida. Um desses materiais vale a pena ser mencionado: no livro *On Death and Dying*, que foi traduzido no Brasil como *Sobre a morte e o morrer*, considerado um dos mais importantes estudos psicológicos do século 20, a médica classificou o luto em cinco estágios: negação, raiva, barganha, depressão e aceitação. Todos esses estágios são importantes para que possamos entender em qual fase estamos após um término e perceber que todas, absolutamente todas, são importantes. Embora o estudo seja direcionado principalmente ao luto pela morte, podemos entender também o luto pelo término do relacionamento e compreender suas etapas.

Na primeira fase, da negação, ao receber a notícia de que o relacionamento chegou ao fim, qualquer pessoa, como mecanismo de defesa, tende a negar, segundo os estudos da psiquiatra. É como se não acreditássemos que aquilo acabou. Ficam sempre a dúvida de por que não deu certo e a sensação de que tudo não passa de uma mentira. Nesse primeiro momento, buscamos questionar o motivo do término. Na segunda fase vem a raiva, segundo Elisabeth, e esse é um ponto muito importante. No momento da raiva, muitas pessoas acabam perdendo a cabeça e causando situações muito desagradáveis, como humilhar o ex-amor, ir atrás e xingar, buscar culpados pelo término, culpar-se por não ter conseguido fazer dar certo ou ainda se revoltar com a vida e até questionar Deus pelo acontecido.

A terceira fase é a barganha, na qual o indivíduo tenta negociar de alguma forma um possível retorno do relacionamento. É nessa fase que muitas pessoas vão atrás do ex-amor na tentativa de reatar o namoro ou casamento, e muitas promessas podem ser feitas – o que é um perigo se a pessoa não sabe o que quer. A quarta fase é a depressão, e esse período deve ser entendido como uma fase normal, não como uma depressão patológica que necessita de intervenção com medicamentos. Caso a depressão se prolongue muito, é importante ter o acompanhamento de um psicólogo e um psiquiatra. No entanto, nos dias atuais, as pessoas mais jovens não querem sentir a dor e acabam recorrendo ao uso de medicamentos sem o acompanhamento da psicoterapia, o que é um erro, segundo Elisabeth, pois a psicoterapia é mais importante nesse caso do que a medicação. A depressão nessa fase precisa ser sentida para que o indivíduo elabore o luto e siga em frente.

A quinta e última fase é a aceitação, quando a pessoa que está sofrendo começa a perceber que realmente o relacionamento realmente acabou e, em muitos casos, que esse término foi a melhor coisa que poderia ter acontecido para ambos ou para ela própria. É o contato com a realidade e o momento em que a pessoa realmente enxerga que as coisas mudaram e que novos ciclos virão. No entanto, não quer dizer que a pessoa não sofra mais ou não sinta nada, mas sim que o luto está bem elaborado e que, com o passar do tempo, o ex-amor será apenas uma lembrança boa.

Ter a consciência de cada fase que mencionei nos lembra de que somos seres humanos, de que precisamos sentir a dor e de que é necessário deixar doer, se permitir sentir a nova fase que a vida preparou, sempre nos observando ao longo do processo. De nada adianta tentar resolver as coisas da nossa forma se a pessoa não quer mais estar ao nosso lado. Já se imaginou vivendo ao lado de alguém que se sente obrigado a estar ao seu lado? A pessoa não te ama mais, não gosta de você, mas lhe foi imposta a obrigação de estar ao seu lado para o resto da vida. Pesado isso, não? Digo pesado no sentido de que merecemos ter alguém do nosso lado que nos ame, nos valorize, que queira assistir ao pôr do sol ao nosso lado, nos abraçar naquele dia em que o trabalho nos consumiu, fazer um jantar como forma de cuidado e amor, mandar uma mensagem no meio do dia dizendo "estou com saudades de você".

Entende a diferença entre correr atrás de alguém e fazer essa pessoa voltar para nós e deixar alguém chegar por vontade própria? Amar é dedicar-se, e alguém que não quer estar conosco jamais se dedicaria.

MERECEMOS TER ALGUÉM QUE NOS AME, NOS VALORIZE, QUE QUEIRA ASSISTIR AO PÔR DO SOL AO NOSSO LADO, QUE NOS ABRACE NAQUELE DIA EM QUE O TRABALHO NOS CONSUMIU, QUE FAÇA UM JANTAR COMO FORMA DE CUIDADO E AMOR.

A pessoa que fica conosco sem querer se torna aquela pessoa amargurada, que nunca gosta de nada, que sempre reclama, briga, humilha, fala mal pelas costas, nos trai com outras pessoas, ou seja, que não ama. Olhando por esse viés, entendemos por que o nosso corpo cria a dor e nos lança nela após um término amoroso. É a forma mais natural de nos dizer: "você vai evoluir e aprender algo com isso que aconteceu". É sentindo e experimentando a dor que aos poucos vamos colocando as coisas novamente no lugar. Acredite: sempre há uma nova chance de amar e ser amado, leve o tempo que for preciso.

O fato é que não fomos ensinados desde pequenos que fracassar ou desistir de coisas, sonhos e pessoas também faz parte do sucesso. Fomos condicionados a não querer errar, a não deixar doer; nos disseram que chorar é para os fracos e que precisamos sempre vencer e buscar o sucesso. Que é a partir dele que seremos valorizados, amados e felizes. Quem nos ensinou a lidar com as nossas frustrações? Desde a infância, na nossa geração, fomos ensinados e treinados para a excelência. O filho que tirava nota vermelha no boletim era duramente criticado pelos pais, isso quando não apanhava. Ninguém pegava na mão dele e dizia: "Meu filho, falhar também faz parte do processo de aprendizagem. No próximo bimestre você recupera". Eu, particularmente, aprendi isso, na maioria das vezes, apanhando; mas aprendi ao longo da vida a ressignificar e perceber que meus pais só repetiram costumes de antigas gerações. Eles não sabiam o que estavam fazendo e só repassaram padrões e crenças limitantes para a frente. Raramente você vai ouvir alguma pessoa falando que quando criança foi ensinada que a dificuldade e a dor são momentos importantes para que possamos nos observar e nos conhecer e, melhor do que isso, que a dor não vem por acaso e que é ela que nos leva para a mudança que tanto queremos em nossa vida.

NOS DISSERAM QUE CHORAR É PARA OS FRACOS E QUE PRECISAMOS SEMPRE VENCER E BUSCAR O SUCESSO. QUE É A PARTIR DELE QUE SEREMOS VALORIZADOS, AMADOS E FELIZES.

Sigmund Freud publicou em 1917 o texto "Luto e Melancolia", no qual escreve que o luto deve ser interpretado como algo absolutamente normal e que não é uma situação patológica, ou seja, não é uma doença crônica, e, por isso, passa após um tempo. Freud dizia que o luto era uma reação afetiva perante alguma perda e que esse processo é necessário para constatar que o objeto amado não existe mais. Freud queria explicar que para sair do luto era necessário retirar a libido das ligações pessoais com o objeto perdido. No entanto, segundo Freud, nossa mente sempre tenta fazer o movimento oposto, ou seja, tenta fazer perdurar a existência do objeto perdido, e isso pode resultar na criação de fantasias ou mesmo em uma psicose alucinatória carregada de desejo. O que o médico quis dizer, no meu entender, é que nossa mente fantasia a perda, nos distancia do real motivo do fim e, consequentemente, nos leva ao caminho de um sofrimento maior. Talvez o fim possa de fato ter sido a melhor coisa que aconteceu entre vocês, mas pode não ter sido também. Independentemente do sentimento que ficou, o melhor a fazer no momento é seguir.

Sempre vai existir um bom motivo para não continuar uma relação, nem que seja uma vírgula, e nessas horas devemos nos apegar a essa vírgula para conseguir manter a distância. É desligar-se do outro e ligar sua própria conexão, revivendo e relembrando momentos antes do relacionamento. É conseguir ver que você já foi muito feliz sem ninguém ao seu lado. Não nascemos grudados no outro, temos uma vida própria, e após o fim de uma vida a dois nada melhor que deixar o coração no modo desligado e começar a pensar nas inúmeras possibilidades que a vida lhe dará. É ressignificar o que aprendemos com a pessoa, o que ela nos deixou de bom, o que não levar para os próximos relacionamentos e aprender a se respeitar.

Já ouviu dizer que o corpo fala? Provavelmente você já ouviu isso em alguma roda de amigos. O nosso corpo realmente fala e, se aprendermos a ouvir o que ele diz, jamais chegaremos ao fundo do poço. Você não precisa chegar ao subsolo para perceber que o relacionamento realmente acabou; não tem por que esperar a situação chegar ao ponto de se olhar no espelho e não se reconhecer mais, de se trancar dentro de um quarto por meses, não ver a luz do sol ou a chuva.

Pare! Você não precisa chegar a esse ponto. O que você precisa nesse momento é se olhar, enxergar-se como pessoa, como dono de sua vida, das suas conquistas e das suas dores e seguir o caminho. É no caminho que as coisas vão começar a acontecer a seu favor. Basta você se abrir ao novo e se lançar. Já que te empurraram do precipício amoroso, que tal aprender a voar? Ou vai esperar se esborrachar no chão para ter que juntar cacos, se levantar e tentar aprender a voar?

Você está em queda e agora é a hora de bater as asas, voar e mostrar que você pode. Repita comigo: "Eu vou aprender a voar!". Fale novamente em voz alta: "Eu vou aprender a voar!". Se estiver com vergonha, entre no carro e feche os vidros, ou num quarto vazio, num ambiente só seu, e grite várias vezes: "Eu vou aprender a voar!". Se você fizer isso, vai enviar um comando positivo para o seu cérebro, e a neurociência diz que nosso cérebro entende o comando e começa a nos mostrar condições para alcançar o resultado. Então, grite várias vezes, escreva na porta da geladeira, no carro, onde quiser. Escreva e repita que você vai voar. Acredite em mim! Você vai voar e toda essa dor será transformada em experiência. Por mais difícil que seja, o melhor sempre é verbalizar em voz alta: "estou pronto para esse fim e esse ciclo não faz mais sentido para mim". Se você organizar o luto e reconhecer o vazio que ficou, começará a dar os primeiros passos em direção à cura emocional de que tanto precisa. Caso não faça isso, continuará vivendo na amargura interminável do sentimento de perda.

Eu amo, mas preciso me livrar desse amor

O amor é um dos sentimentos mais nobres que podemos oferecer a alguém. É abrir as portas do nosso interior para que o outro faça morada. É se ver vulnerável e, ao mesmo tempo, não ter medo disso. Chega a ser poético, né? E realmente é. Ao sermos tocados pelo amor, somos invadidos por turbilhões de emoções que a neurociência há décadas estuda. E os estudos mostram que realmente ficamos vulneráveis e "reféns" do outro. No entanto, isso não significa que somos fracos, bobos, nada disso! Somos seres humanos, e a ciência já comprovou que a paixão realmente faz uma bagunça hormonal em nosso corpo.

Quando estamos apaixonados, nosso cérebro é invadido por hormônios e neurotransmissores. Um deles é a dopamina, que nos estimula a viver intensamente aquele momento com prazer e muita motivação, gerando, assim, um sentimento de recompensa ao ficarmos perto da pessoa amada. Outro hormônio que nos invade quando estamos amando é o cortisol, que, quando atinge níveis altos no organismo, provoca alegria, ansiedade, euforia e aquele desejo de ver logo nosso amor. Mesmo as pessoas que se dizem mais "frias" estão sujeitas a ser invadidas por esses hormônios e se tornar reféns do amor.

Quando o assunto é amar, qualquer um está sujeito a sofrer. Se o relacionamento dá certo, é só alegria, mas, se acaba, vamos ao fundo do poço emocional e sofremos por meses até conseguirmos voltar ao ponto de partida, ao local exato onde aquela paixão começou a acontecer. Imagine que perfeito seria se amar fosse o suficiente para manter um relacionamento? Imagine um mundo onde todos que se amam vivem bem, felizes e em harmonia com a vida a dois. Um lugar onde amar significa viver feliz para sempre, onde, aconteça o que acontecer, o amor vai sempre falar mais alto e onde todos os hormônios produzidos pelo amor serão canalizados para o nosso bem-estar e a nossa felicidade. Realmente seria um sonho perfeito, um verdadeiro conto de fadas, um roteiro de filme. Mas sabemos que não é assim e que o amor é apenas um dos pilares de uma relação saudável e feliz. Eu diria que é o mais importante pilar, inclusive, porque sem amor não há admiração, respeito e outros sentimentos que nos fazem ficar com alguém.

Quando nos relacionamos, passamos a hospedar o outro dentro de nós, e isso pode ser bom ou ruim, dependendo de quem estamos hospedando. Hospedar uma pessoa com caráter, maturidade emocional, sensibilidade e empatia é diferente de hospedar uma pessoa mentirosa, oportunista e desrespeitosa. O problema é que, quando estamos conhecendo alguém, geralmente a pessoa esconde tudo o que sabe que pode incomodar o outro ou atrapalhar o avanço da relação amorosa. E aí, passados alguns meses, essa pessoa fica fria, grossa, insensível, e a sensação é de mudança da água para o vinho. Essa pessoa não mudou! Ela sempre foi assim, só vestiu uma capa para te conquistar. O jogo da sedução é assim, e infelizmente caímos mesmo. Se isso aconteceu com você, não se sinta mal. Pense que, do mesmo jeito que a pessoa te enganou na hora da sedução, também vai enganar muitas outras pessoas. O maior problema é que agora você já está amando, e todas aquelas emoções e aqueles hormônios estão agitando seu cérebro igual a uma montanha-russa, cheia de momentos altos e baixos. É uma loucura!

A vida prega cada peça na gente, né? Conhecemos uma pessoa especial, nos envolvemos, ficamos completamente apaixonados, amamos, namoramos, casamos, e, quando achamos que está tudo indo bem, de repente o castelo perfeito desaba e o único pilar que sobra é o amor. E aí eu te pergunto: será que esse único pilar é suficiente para manter o castelo em pé? Ou melhor, refaço minha pergunta: será que esse único pilar é suficiente para reerguer esse castelo?

Vou te contar a história da Renata. Ela era uma jovem dedicada e cheia de sonhos. Na faculdade tão sonhada de arquitetura e urbanismo conheceu Mauro. Eles estudavam na mesma sala. Depois de alguns trabalhos de faculdade em grupo, começaram a ter mais afinidade e observar um ao outro com detalhes. A admiração nasceu ali e os dois perceberam que tinham muita compatibilidade, a começar pela vida simples e difícil que ambos tinham e pelas lutas que enfrentaram para chegar à faculdade. Foram muitas mensagens daqui, elogios dali, até que um belo dia, no estacionamento da faculdade, os dois trocaram beijos. Foi a melhor noite da vida de ambos. A esse toque de pele, sentiram uma energia surreal. Era como se tivessem nascido um para o outro.

Mauro era muito romântico e passava muita confiança para Renata, e o ambiente era perfeito para o amor nascer. E ele nasceu. A partir do primeiro beijo, os dois nunca mais pararam de se falar. Passavam o dia trocando mensagens carinhosas, relembrando os momentos e contando juntos quanto tempo faltava para chegarem à faculdade. Na sala de aula, eles ficavam sempre perto um do outro, viviam grudados. Todo mundo percebia que eles realmente estavam muito apaixonados e que ali nascia um relacionamento bonito. Os fins de semana não eram mais os mesmos. A vida ficou mais gostosa para eles e qualquer tempo que encontravam era tempo de ficar junto, se tocar e trocar afeto.

Quando a aula acabava, eles ficavam horas namorando no portão do prédio de Renata, onde ela morava com os pais e o irmão. Mauro ia embora de madrugada, e essa disponibilidade para amar deixava a parceira ainda mais apaixonada. Não demorou muito e Mauro comprou as alianças de compromisso e combinou com os amigos dela que o pedido de namoro seria no dia do aniversário de Renata. Logo após cantarem parabéns, ele se ajoelhou, pegou a caixinha com as alianças e pediu a jovem em namoro. O salão inteiro se emocionou e Renata não demorou muito para dizer sim.

Durante toda a faculdade, cinco anos ao todo, viveram uma história de amor dos sonhos. Eles realmente se disponibilizaram de corpo e alma e se entregaram um para o outro. Era nítido que se amavam loucamente. A formatura chegou e esse momento foi ainda mais mágico na vida deles, porque era outro sonho realizado e o início de um novo ciclo. Foi uma noite linda e, a partir daí, começaram a planejar a carreira e o casamento. Os dois conseguiram emprego logo após a formatura; ela foi para um escritório famoso de arquitetura e ele foi trabalhar na construtora de um familiar. O salário que eles sempre quiseram chegou e juntos conheceram praias lindas, destinos incríveis e a romântica Buenos Aires, na Argentina.

Dois anos se passaram após a faculdade e, ainda muito apaixonados, começaram a pensar no casamento, nos filhos que ambos desejavam muito e na compra da tão sonhada casa própria. A mesma vida leve que eles tinham quando se conheceram permanecia quase sete anos depois. Era uma conexão imensa e quem convivia com eles não tinha dúvida de que os dois realizariam todos os sonhos juntos, porque se amavam, trabalhavam muito e tinham sintonia nas escolhas e decisões.

No entanto, todos se enganaram. Até mesmo eles foram pegos de surpresa pelas armadilhas que a vida prepara para nos testar. Mauro conheceu uma jovem estudante de arquitetura que começou a fazer estágio na construtora da família. Priscila era uma mulher determinada, bonita, inteligente, sedutora e sabia conversar muito bem. Eles trocaram olhares e, num primeiro momento, Mauro se sentiu incomodado em dar atenção diferenciada para outra mulher que não fosse Renata. Mas Priscila era muito sedutora e sentia atração por Mauro. Ele também percebeu que sentia algo muito forte por Priscila. A jovem estudante não queria se permitir ficar com um homem comprometido, mas não resistiu quando Mauro ofereceu carona para voltar para casa. No carro, conversaram bastante, deram risada e, na despedida, rolou um beijo. Foi algo muito rápido, mas marcante para ambos.

Mauro foi tomado pelo medo ao perceber que o beijo de outra mulher mexera com suas emoções. Não contou nada para Renata, e ela, apaixonada, também não percebeu absolutamente nada. Priscila e Mauro continuaram se encontrando às escondidas por pelo menos dois meses. O carinho entre eles foi nascendo, mas não havia amor. Mauro estava prestes a pedir que os encontros parassem quando, um dia, Renata estava voltando para casa, pegou um caminho diferente e se deparou com o carro de Mauro parado num trecho escuro de uma rua. Na hora ela levou um susto, pois teve certeza de que se tratava de um assalto. Eles eram muito apaixonados, e na cabeça de Renata não existia espaço para traição, já que tudo era muito verdadeiro.

Ao se aproximar do carro, Renata chegou perto também da pior dor que poderia experimentar. Foram os momentos mais difíceis da vida dela. Ao olhar pelo para-brisa, ela viu uma cena que jamais lhe havia passado pela cabeça. A confiança um no outro era tão grande que Renata não conseguia acreditar que Mauro estivesse beijando outra boca que não fosse a dela. Renata bateu as duas mãos no capô do carro e deu um grito: "Nãooooooooo!". Mauro reconheceu na hora sua voz, empurrou Priscila e desceu do carro correndo.

Renata gritava: "Por quê? Por quê? Por quê?". Com o coração dilacerado e uma dor insuportável no peito, Renata voltou para casa aos prantos. Foi o caminho mais longo e dolorido que ela já havia experimentado. Mauro foi atrás implorando para conversar, mas, ao entrar no prédio, Renata avisou a portaria que ele não poderia mais entrar no condomínio. Foi a pior noite da vida dela. O vazio tomou conta de sua mente.

Era uma vontade tremenda de falar com ele e tentar entender o que havia acontecido, mas, ao mesmo tempo, o ódio de ter sido enganada era maior.

Renata deitou no sofá e chorou, chorou, chorou durante toda a madrugada. Era um choro desesperador que até os vizinhos ouviam. Os pais de Renata levaram um susto e acharam até que alguém tivesse morrido. Nem mesmo os pais conseguiam acalmar o desespero e a dor que ela sentiu ao ver o homem que ela mais amava na vida nos braços de outra mulher. Naquela noite, ela não ligou para nenhuma amiga. Só chorou e colocou para fora toda a raiva e a dor que sentia. Estava tão envolvida no mundo dele e no mundo deles que nunca passara pela cabeça dela que Mauro teria coragem de estragar um relacionamento tão bom e verdadeiro.

Os dias foram passando e Mauro tentava conversar com Renata. Ela não queria nem ouvir a voz dele. A sensação era de decepção misturada com tristeza profunda. Nem sair do quarto ela conseguia e não tinha mais vontade de viver. Era uma tristeza sem tamanho, e a vida havia perdido totalmente o sentido. Renata não comia, não bebia água e não queria trabalhar. Ela entrou em colapso total, perdeu doze quilos em poucas semanas e se tornou uma pessoa irreconhecível. Por mais que tivesse vontade de voltar a conversar com Mauro, a raiva e o amor-próprio falavam mais alto e ela não queria nem se aproximar dele.

O amor não foi suficiente para manter o relacionamento dos sonhos. A traição de Mauro fez com que Renata perdesse toda a confiança, a admiração e a vontade de continuar uma relação. Do dia para a noite, tiraram o porto seguro dela e mostraram que não existe porto seguro definitivo, que o ser humano erra e que às vezes um erro pode gerar muita dor e sofrimento. Renata precisou de ajuda psicológica para enfrentar essa dor. Alguns meses se passaram, mas o amor não passou. O sentimento continuava ali, e mesmo assim não era suficiente para manter o relacionamento.

Renata optou por sentir a dor que fosse necessária, mas não queria mais aquele relacionamento. Mauro se arrependeu profundamente, porque perdeu a mulher da vida dele e também experimentou uma dor que jamais havia sentido ao ver Renata indo embora por culpa dele. E ela seguiu convicta de que a traição era uma escolha e de que essa escolha de Mauro jamais faria com que ela se sentisse confortável novamente ao lado dele. É uma decisão difícil, concorda? Amar alguém e não querer mais é um duelo muito grande entre a razão e a emoção. É preciso ter coragem para abandonar os sonhos, os planos e as lembranças juntos e se arriscar em um destino incerto. No caso de Renata, houve uma traição, e isso serviu de motivo para que ela seguisse convicta de que não queria mais ficar ao lado dele e de que a companhia dele não era mais o melhor lugar do mundo, mas sabemos que nem todos os términos acontecem por esse motivo.

É PRECISO TER CORAGEM PARA ABANDONAR OS SONHOS, OS PLANOS E AS LEMBRANÇAS JUNTOS E SE ARRISCAR EM UM DESTINO INCERTO.

Muitas pessoas amam muito, mas no decorrer do relacionamento descobrem que não querem mais permanecer como estão, seja por falta de compatibilidade, admiração ou desejo, seja por tantos outros motivos que nos fazem colocar o relacionamento em dúvida. Amar alguém não significa viver para sempre ao lado da pessoa. No processo de conhecer outra pessoa, vamos entrando nos momentos mais íntimos de nossos parceiros, e nessa viagem podemos encontrar muitas situações lindas, agradáveis e desejáveis, mas também podemos encontrar características que não nos acrescentam nada ou que nos deixam em dúvida se vale ou não a pena continuar ali.

Durante a caminhada, às vezes percebemos que não há mais compatibilidade. Para um relacionamento dar certo, é preciso amor, carinho, atenção, respeito, cumplicidade e envolvimento de corpo e alma. Os dois precisam estar prontos para se entregar ao amor. É preciso retirar todas as armaduras de experiências passadas para entrar de forma pura nesse novo amor, mas nem todos conseguem se entregar assim, seja por traumas de relações anteriores, seja por características de personalidade.

A incompatibilidade vai gritar, mas para que isso aconteça é necessário o envolvimento de alguns meses e, durante esse tempo, já estamos totalmente apaixonados e nem sempre conseguimos voltar e mudar de ciclo. Olhar para a pessoa a quem se ama e perceber que o amor continua ali, mas que as diferenças bradam ao ponto de ser somente uma amizade é muito dolorido. Machuca perceber que o relacionamento que construímos com os planos de ser eterno, de viajar juntos, envelhecer com os filhos e muito mais não vai passar de uma amizade. Mas a vida dá sinais e temos que estar sempre atentos a isso.

Não fuja dos sinais que o corpo dá. Quando percebemos que aquela não é mais a pessoa da nossa vida, o corpo encontra uma forma de mostrar que o relacionamento já não funciona como antes. Foi essa sensação que Raul sentiu após quase um ano de namoro. Ele é um jovem muito intenso, amoroso e que gosta de sentir de verdade que o parceiro está do lado dele. E quem é que não gosta disso, não é mesmo? Durante uma caminhada, conheceu um rapaz alto, bonito e atencioso, e em um primeiro momento formaram uma união ímpar.

Mesmo machucado por um relacionamento abusivo do qual tinha acabado de sair, Raul se permitiu tentar viver uma nova história de amor. Os dois se apaixonaram, fizeram viagens juntos e tudo se encaminhava para um namoro duradouro; porém, após cerca de oito meses de relacionamento, Raul começou a perceber que existiam incompatibilidades, e essas diferenças começaram a pesar. Não eram diferenças simples a ponto de conversar com o parceiro e tentar resolver. Não! Eram diferenças marcantes de personalidade e até mesmo de humor que machucavam muito Raul, que gostava de viver uma vida feliz, alegre e positiva, mas seu parceiro não apreciava o mesmo estilo de vida. Resultado: vieram as ansiedades, a angústia e o medo de colocar um ponto-final em uma história especial que acabara de começar.

Raul foi corajoso e, mesmo amando o parceiro, terminou o namoro. O companheiro era uma pessoa muito querida por todos, e os familiares de Raul chegaram até a criticá-lo por ter terminado uma relação que para todos era muito bonita. Raul se manteve firme e buscou forças onde não tinha para continuar seu caminho em busca do perfil de companheiro que queria para a vida. E, depois de algum tempo, se sentiu mais leve, tranquilo, feliz e até mais criativo no trabalho. A vida ficou mais colorida para Raul, que permanece solteiro, mas bem resolvido com a solitude.

Se Raul não tivesse colocado um ponto-final nessa história importante, mas que não lhe fazia bem, como será que ele estaria? Muito provavelmente desanimado, triste, ansioso, infeliz, vendo a vida com um ar de escassez e não de abundância, entre vários outros sentimentos que poderia estar sentindo. Ele não se abandonou. Ao se permitir viver uma história de amor, você não pode vendar os olhos e criar personagens que não existem. Você sabe o que deseja em uma pessoa para viver ao seu lado. Não se distraia com pessoas que não preenchem os critérios que você busca. É perda de tempo. Você pode se envolver, namorar, amar, mas, se precisar largar tudo para reencontrar a paz interior, largue.

Uma das principais razões para não abandonarmos o que nos provoca ansiedade, dor e sofrimento é o medo do novo, da solidão ou do que os outros vão pensar e falar. Não queremos magoar ninguém ao nosso redor, mas precisamos ter em mente que quem sente a dor somos nós, e não os outros. Precisamos nos ver com olhar de amor, de acolhimento. Eu repito: não se abandone! Vá em busca da sua felicidade e não gaste tempo tentando agradar aos outros ou realizar o sonho da sua família, dos seus pais ou de seja lá quem for. A vida é sua, os sonhos são seus e é você quem precisa tomar essa decisão. Você pode amar e querer ir embora, e não há problema algum nisso. Somente o amor não sustenta uma relação.

**NÃO SE ABANDONE!
VÁ EM BUSCA DA SUA FELICIDADE
E NÃO GASTE TEMPO NA VIDA
TENTANDO AGRADAR AOS OUTROS
OU REALIZAR O SONHO DA
SUA FAMÍLIA, DOS SEUS PAIS OU
DE SEJA LÁ QUEM FOR.**

Se você não está vivendo agora a vida que tanto sonhou, talvez seja por conta das decisões que tomou nos últimos tempos. Você vai adiar até quando a sua felicidade e a sua saúde mental? Essas fases difíceis podem desencadear problemas psicológicos sérios. Pense na sua decisão com fé, com amor a você e com esperança e peça uma luz para iluminar as trevas. Desapegue do que não está te fazendo bem. Não se prenda a uma história, porque histórias precisam de começo, meio e fim e não há como iniciar uma nova história com outra que nem sequer foi encerrada. Saia do controle, mude de direção e deixe que a vida se encarregue do resto. Serão momentos difíceis, porque não é fácil deixar uma história quando estamos muito apegados a ela, mas é possível e muito mais saudável deixar ir do que prender algo que te machuca. Amar também é deixar ir embora.

Onde eu me perdi?

Você já parou para pensar que, todas as vezes em que nos envolvemos com alguém, automaticamente vamos nos perdendo? O envolvimento é tão forte, tão intenso que naturalmente vamos deixando de fazer os nossos desejos para satisfazer o desejo do outro. É como se o outro roubasse a nossa essência, o nosso eu. Claro que não podemos generalizar, porque muitas pessoas conseguem separar as coisas e não se envolvem ao ponto de se perderem. Confesso que não sou essa pessoa.

A carência, na maioria das vezes, nos coloca nessa condição vulnerável em que nos esquecemos de nós mesmos. O outro chega e, com muita facilidade, nos leva embora como se fôssemos um objeto. E, na verdade, somos mesmo um objeto, porque nos colocamos nessa condição. Ninguém nos leva embora assim, do dia para a noite, a não ser em um sequestro-relâmpago. Concorda? Se o outro nos tirou nossos sonhos, desejos e vontades, foi porque permitimos.

O amor existe para ser leve, agradável, prazeroso e complementar, mas, na pressa de viver intensamente nossos desejos, deixamos o amor nos prender, machucar, diminuir e minar nossos talentos. No início do relacionamento, que é exatamente o momento em que devemos conhecer a pessoa como ela realmente é, fazemos tudo ao contrário. Em vez de observar a pessoa, ver se a energia, os desejos e os sonhos batem, colocamos uma venda nos olhos, ignoramos todos os sinais e transformamos a realidade em fantasia. Tudo no outro é extremamente sedutor, e até mesmo os sinais que nossa mente nos envia são ignorados com sucesso, em parte pelo medo de estarmos exigindo muito de alguém em um relacionamento, mas também pela falta de amor-próprio e de perceber que determinados relacionamentos não nos completam.

Eu mesmo, no desejo de ter alguém, já me coloquei em situações que não foram nada legais; estive com pessoas que tentavam me diminuir de forma muito "fofa" no dia a dia para que aos poucos me colocassem em um cativeiro. E, nesse caso, o cativeiro não é um lugar sombrio, escuro, claustrofóbico, não. É um lugar destruidor disfarçado de paraíso. A entrega vai acontecendo tão naturalmente que quando percebemos já não dá mais para voltar, já fomos fisgados pelo relacionamento abusivo, destrutivo, doentio. É por isso que costumo dizer que o abusador vem sempre disfarçado e, de certa forma, nos trata muito bem no início, mas, se você observar com cuidado, vai perceber que o objetivo é transformar você em uma pessoa dependente dele.

O CATIVEIRO DO AMOR NÃO É UM LUGAR SOMBRIO, ESCURO, CLAUSTROFÓBICO, NÃO. É UM LUGAR DESTRUIDOR DISFARÇADO DE PARAÍSO.

O abusador pode ser homem ou mulher, tanto faz; o que eles têm em comum é o louco desejo de ter alguém para sugar e maltratar no dia a dia. Mas, olha, se você está se vendo nesse processo e está sofrendo por conta de uma emboscada dessas, acredite, essas ciladas nos ensinam muito. Nada como um joelho ralado na infância para perceber que é perigoso ficar correndo feito louco por aí. E somos eternas crianças, estamos sempre nos desenvolvendo e aprendendo.

Uma vez perguntei para a minha psicóloga como fazer para não errar mais. Eu estava em um momento muito difícil, passando por mais um término que fazia eu me sentir um palhaço novamente. Era mais uma situação em que eu me via culpado pelas minhas dores, por ter ignorado alguns sinais no início e dado uma chance para aquele amor que eu acreditava ser de verdade. A resposta dela foi algo revelador para mim. Foi como se ela tivesse tirado a minha dor com a mão ao dizer:

"Fábio, não tem como acertar sem tentar, sem errar. A vida não tem manual de instruções e você só vai acertar se tentar. Não existe receita; o que existem são aprendizados, e cada situação dessas em que você se permite e se coloca vai te ensinar algo e te deixar mais forte e preparado para quando o amor chegar. Permita-se errar."

Eu me lembro de que fiquei vários dias remoendo essa resposta e percebi aos poucos que cada relacionamento que deu errado realmente me deixou uma lição. Alguns, inclusive, uma lição do que não fazer com os outros, mas ainda assim uma lição. Hoje em dia, ao me permitir, vou me colocando aos poucos na bandeja do amor, não para fazer joguinhos, porque não tenho paciência para eles, mas para ir sentindo o outro aos poucos. É como degustar vinho, sabe? Você abre a garrafa e primeiro sente o cheiro da rolha. Depois, coloca o vinho na taça e dá aquele giro no líquido (eu acho muito chique isso). E, antes de degustar, é preciso sentir o aroma das notas de frutas que existem ali, descobrir se é um vinho mais forte, mais doce, mais seco, mais ou menos encorpado. Enfim, só depois de todo esse processo é que você realmente bebe o vinho. Entendeu? Não faço jogo, mas dou cada passo no seu tempo para não acelerar as coisas.

Depois de sofrer muito sendo intenso com quem era raso, agora vou aos poucos para saber se esse relacionamento realmente é para mim. E, quando não é, me despeço mesmo. Agradeço pelas experiências vividas e simplesmente me retiro antes que o sequestro dos meus sonhos aconteça. Lendo assim até parece algo meio frio, né? Mas não! Acredite, tem muita intensidade nesse passo lento que dou em busca de alguém. Ao nos permitirmos entrar em um relacionamento, sempre estamos sujeitos às dores que o amor pode nos causar.

Amar é um ato de coragem, como dizem muitos filósofos contemporâneos. E, de fato, é mesmo. É preciso coragem para enfrentar as diferenças, os desejos e os rumos pelos quais a vida vai nos levando. O que não podemos é nos esconder dos nossos problemas, fraquezas e carências porque estamos atrás de um relacionamento. Aprender a lidar com a solidão é um passo fundamental para a existência humana. Uma pessoa que não consegue lidar com a própria solidão terá dificuldade para observar quem está se aproximando. O desejo de estar a dois é tão grande que as prioridades se perdem e qualquer chance de estar acompanhado é carregada de fantasias. Por isso eu sempre digo que nunca é tarde para se conhecer melhor. Eu mesmo precisei perder pessoas que eu amava para me permitir sentar cara a cara com uma psicóloga e contar meus medos, anseios e dores. E foi ressignificando cada um que me tornei uma pessoa mais forte, feliz e com disposição para amar e ser amada.

O mergulho na terapia foi tão profundo que peguei gosto pela psicologia e agora estou até cursando essa faculdade que penso que todos mereciam frequentar. O que eu gostaria de frisar aqui é que precisamos imediatamente nos conhecer, seja de qual forma for, mas nos observar, nos valorizar e ver quais são realmente as nossas prioridades na vida. Quem é você que está lendo este livro? O que te trouxe até aqui? Quantas perdas você já vivenciou? O que aprendeu com cada uma delas? São perguntas que precisam ser respondidas se o seu objetivo for vivenciar um relacionamento de qualidade e parar de perder tempo com pessoas perdidas e sem foco em amar de verdade.

O autoconhecimento é a principal chave para o início de uma relação saudável e prazerosa. Se eu não sei lidar com a minha solidão e com as emoções, como vou lidar com as do outro? Namorar é saber lidar com o universo de emoções que vão surgindo no dia a dia, mas para compreender o casal eu preciso antes me compreender. Se você não consegue, das duas, uma: ou vai se colocar em um relacionamento abusivo ou se tornará um abusador. Não há chances de dar certo por muito tempo quando não sei até onde posso ir, quando não conheço os meus limites, os do outro e o do relacionamento.

A imaturidade emocional está, cada vez mais, criando relacionamentos abusivos, com muito sentimento de posse, e criando mais obrigações a dois do que construções a dois. Amar é permitir que o outro seja ele, independentemente de como for, e não querer que ele mude para satisfazer os meus desejos. É lógico que existem casos e casos, e em alguns as pessoas mudam naturalmente porque enxergam uma necessidade de mudança, mas querer mudar só por causa do outro se torna uma invasão, e o que era para ser leve fica pesado.

AMAR É PERMITIR QUE O OUTRO SEJA ELE, INDEPENDENTEMENTE DE COMO FOR, E NÃO QUERER QUE ELE MUDE PARA SATISFAZER OS MEUS DESEJOS.

Amor é construção, e os dois precisam se amar, gostar de si mesmos em primeiro lugar, para só depois construir o amor do casal com os desejos que cada um tem e o que gostam de fazer juntos e separados. Ter um grudinho para sair, dormir junto, viajar e viver experiências novas é uma delícia, mas o grudar pode ser muito perigoso quando os dois indivíduos não se conhecem e não respeitam seus próprios limites.

    Vou expor aqui uma situação que passei quando enfrentei um término de um relacionamento longo, que durou muitos anos. Quando acabou, já não sabíamos mais quem era quem; tudo estava muito misturado, meus gostos e os da pessoa eram um só. Foi uma dificuldade tremenda lidar com a solidão novamente após tantos anos grudados. E, sim, éramos grudados. Não fazíamos nada um sem o outro e não dávamos espaço para o nosso eu particular no relacionamento. Durante a terapia, minha psicóloga um dia fez um teste prático para que eu pudesse entender a diferença entre grudar e andar juntos. Ela me deu duas folhas de sulfite e uma cola em bastão. Na hora, não entendi. Nem passava pela minha cabeça o que ela queria que eu fizesse. Eu mal sabia que estaria diante do maior teste prático do que havia feito com o Fábio durante nosso relacionamento duradouro. Minha terapeuta foi certeira. Ela pediu que eu passasse a cola na metade de um dos papéis. Logo após, pediu que eu grudasse uma folha de sulfite na outra e esperasse alguns minutos. Passado o tempo, pediu que eu segurasse as folhas pela parte que estava sem cola, uma folha em cada mão. Assim eu fiz, e quando menos esperava ela disse em voz alta: "Separe as folhas agora, Fábio. Vai, força, puxe!". O som daquelas folhas de sulfite se despedaçando ficou na minha cabeça por meses e, até hoje, eu posso ouvir só de pensar na experiência à qual fui submetido no consultório.

As partes coladas se despedaçaram, não dava para saber qual pedaço era de qual folha, porque estava tudo muito grudado. Ficou horrível. A ideia da psicóloga foi me mostrar que eu estava despedaçado, em cacos, porque existiam pedaços meus na outra pessoa e pedaços da pessoa em mim. Vivíamos muito grudados e não dávamos espaço para o amor respirar, crescer, produzir. Aos poucos eu perdi as minhas características e a pessoa também, porque o grude era tanto que nos perdemos. Estar com alguém não quer dizer que eu tenha que deixar de ter as minhas individualidades. A partir do momento em que eu deixo as minhas individualidades e o outro deixa as dele, começamos a "grudar" como as duas folhas de sulfite.

Se o término acontecer, de qualquer forma vai doer, mas, quando são mantidas as individualidades, não existe jogo, posse nem o medo de seguir sozinho. É como se as duas pessoas fossem felizes sozinhas e, quando se encontram, são muito felizes vivendo a vida do casal. E aí você vai me falar: "Mas Fábio, a partir do momento em que você se casa, é difícil manter as individualidades, porque as duas pessoas vivem juntas". E eu te respondo: é realmente mais difícil e desafiador viver suas individualidades dentro de um casamento, mas é ainda mais prazeroso. Lógico que para isso os dois precisam estar dispostos ao diálogo, porque será necessário conversar muito sobre os desejos de cada um, mas não proíba seu parceiro ou parceira de fazer as coisas de que ele ou ela gosta para satisfazer seus interesses. Também tente sempre conversar sobre as suas vontades e individualidades para que sejam preservadas ao ponto de você não se sentir prisioneiro do relacionamento. O amor a dois precisa sempre ser submetido à reflexão, de forma positiva, para que ambos se respeitem e cresçam juntos. No dia a dia, a rotina vai minando esse diálogo e o transformando em brigas e discussões. É no diálogo positivo que o casal encontrará formas e materiais abundantes para a construção de um relacionamento sólido e, principalmente, saudável.

Aceitar o fim
é o começo

A maior dificuldade que temos quando gostamos de alguém é aceitar que o ciclo acabou e que é hora de ir embora. Com frequência, o apego emocional nos faz criar prisões onde tentamos nos convencer de que ficar ali no ambiente que nos faz mal é a melhor escolha. Não é fácil porque, na maioria das vezes, gostamos mais da relação do que de nós mesmos. Amar é se envolver de corpo e alma, e esse envolvimento pode gerar essa dificuldade de se despedir e seguir o caminho a sós. Não se culpe ou se sinta inferior se isso estiver acontecendo com você.

O melhor em um momento de término é tomar posse da verdade. Você já ouviu falar que a verdade nos liberta? É nisto que você precisa se apegar: na sua verdade, no que te faz sair desse relacionamento. Foram mentiras? Houve traição? Acabou o amor? Vocês brigavam muito? Ou não foi nenhuma das alternativas anteriores, mas sim uma falta de sintonia e conexão? Seja lá qual for o motivo, apegue-se à verdade do todo ou à sua verdade. Quando tomamos posse da verdade, conseguimos criar bases emocionais positivas para seguir em frente e ressignificar o que aconteceu. Precisamos estar dispostos a ver e aceitar a verdade como ela é.

Se no momento você não consegue, não se cobre. Busque entender os reais motivos que fizeram o relacionamento acabar. Sempre existe um motivo, por mais íntimo que seja, e você vai encontrá-lo para conseguir seguir. Fernanda era daquelas jovens apaixonadas e comprometidas com o relacionamento. Ao ser abandonada sem motivo algum após cinco anos de namoro, entrou numa tristeza profunda. Se isolou dos amigos, parou de comer, emagreceu quinze quilos e, em um momento de desespero, cometeu um ato que nem ela imaginava: tentou tirar a própria vida.

Fernanda não se conformava em ver que o relacionamento aparentemente perfeito havia acabado sem um motivo plausível após tanto tempo juntos. Ela se culpava o tempo todo e acreditava que, se existia um motivo ou uma verdade para o fim do namoro, esse motivo tinha relação unicamente com ela, com algo que ela poderia ter feito para o amado. Foram cinco meses sofrendo muito, até que um dia Fernanda descobriu a verdade. Ela havia sido traída, e o parceiro, após deixar o apartamento em que eles moravam, foi diretamente para a casa da amante. Ele só mudou de endereço. Essa notícia caiu como uma luva nas mãos de Fernanda. Ela percebeu, após meses de muito sofrimento, que não era a culpada e que o outro havia decidido fazer uma troca (que por sinal não era das melhores, e nem sempre vai ser, porque a escolha é do outro e não cabe a você).

**ENQUANTO EU CHORAVA
E TENTAVA ENTENDER
O QUE EU HAVIA FEITO DE ERRADO,
VOCÊ CONHECIA OUTRA PESSOA
E SERVIA A ELA O BANQUETE
QUE NUNCA ME OFERECEU.**

A verdade para Fernanda foi libertadora, porque ela visualizou a falta de caráter do parceiro como motivo para o término. Ele não falou a verdade e a deixou se sentindo culpada. Eu gostaria que você parasse e pensasse um pouco justamente sobre isso. Há sempre um motivo, uma verdade, para um término amoroso, e nem sempre tem relação com você. Nossos parceiros também têm os problemas deles, confusões, dúvidas, perversidades, enfim, são seres humanos. Não vale a pena perder tempo nos culpando por um término sendo que nem sempre sabemos o que aconteceu. Não dá para invadir a mente do outro e descobrir o que ele está pensando e decidindo longe de nós.

Da mesma forma que o outro te deixou, você também poderia ter tomado essa decisão. Imagine o quanto deve ser difícil viver ao lado de alguém de quem você não gosta mais? Seu corpo quer expulsar a pessoa da sua vida. Pare para pensar na seguinte situação: você está há vários anos num relacionamento e, por algum motivo, que pode ou não ter relação com o outro, não está mais feliz ou não tem mais desejo de continuar. Às vezes, por decisão própria ou motivos íntimos seus, você se cansou e quer ir embora, mas o outro te aprisiona e implora para ficar. É horrível viver uma situação assim. Precisamos amar e ser amados.

É uma via de mão dupla. Se o outro foi embora, é porque não estava feliz, e, se você foi embora, me entenderá melhor ainda.

Minha ideia aqui não é pregar que você precisa pensar positivamente e, encontrar uma verdade absoluta para o fim do relacionamento. Não é isso! Minha ideia é que você observe que, se o relacionamento acabou ou está acabando, existe uma verdade que pode ser sua ou do seu parceiro. Então, aceitar essa verdade é se libertar desse sentimento que nos aprisiona no outro. É lógico que existem pessoas que não respeitam a relação e traem ainda que gostem, que se envolvem com outras pessoas mesmo te amando, mas isso é tema para outro livro. Se você identificou que seu parceiro ou parceira tem essa característica de "pular a cerca", eu recomendo que você repense muito se vale a pena ficar nessa relação. Uma hora essa pessoa encontrará outra "melhor", e quem não está envolvido de corpo e alma não consegue te escolher. Qualquer outra coisa que aparecer será uma boa oportunidade para te trocar. Então, já comece a ensaiar o desapego.

O budismo prega que o apego é um dos maiores sentimentos que causam sofrimento, e eu concordo absolutamente. Quando nos envolvemos, queremos que o outro seja nosso. É uma espécie de posse mesmo, mas, em alguns casos, não largar pode ser muito perigoso. Nesse momento delicado, você precisa se ouvir e sentir o que é melhor para você. Quando dominamos os nossos pensamentos, passamos a perceber que não podemos acreditar em tudo o que pensamos. Existem pensamentos que seu cérebro gera só para te trazer conforto ou para tentar fazer você voltar para quem te machucou. A neurociência já explicou que nosso cérebro não diferencia o que é bom ou ruim para a gente, ele não entende. O cérebro vai sempre querer te deixar confortável novamente, mas voltar ao conforto pode ser destruidor, dependendo do caso.

Então, desconfie de alguns pensamentos que te levam para o fundo do poço. Espante-os como espantamos urubus. Mande-os para longe pensando em outras coisas mais importantes para sua vida no momento. Quando você conseguir compreender os motivos pelos quais chegou a esse ponto no relacionamento, vai voar, voar e voar; voar tão alto que nunca mais vai querer voltar para esse lugar frio e estranho. Você aceitará o fim e ficará em paz consigo mesmo, com o relacionamento e com a vida.

DESCONFIE DE ALGUNS PENSAMENTOS QUE TE LEVAM PARA O FUNDO DO POÇO. ESPANTE-OS COMO ESPANTAMOS URUBUS. MANDE-OS PARA LONGE.

Fernanda demorou para entender isso por conta do envolvimento emocional, que era muito grande, mas, quando conseguiu tomar posse da verdade, os sentimentos de culpa e os medos foram embora imediatamente. Em poucos meses, lá estava Fernanda conhecendo pessoas novas e vivendo as experiências gostosas dos recomeços. Ela se libertou.

Os términos são muito dolorosos, mas os recomeços são absurdamente incríveis, principalmente quando ressignificamos o fim do relacionamento e entendemos o que foi bom e o que foi ruim no ciclo que passou. Inclusive, esse assunto é muito importante para a psicologia e é tema diário em sessões de terapia.

OS TÉRMINOS SÃO MUITO DOLOROSOS, MAS OS RECOMEÇOS SÃO ABSURDAMENTE INCRÍVEIS.

Ressignificar o término é uma das bases para que você fique bem, esgote os sentimentos e emoções desse relacionamento e fique livre para voltar a amar. Mas o que é ressignificar? Eu diria que é canalizar toda a dor e o sofrimento do término para o seu bem e autoconhecimento. É entender que esse fim de ciclo aconteceria naturalmente, fosse por uma separação, fosse pela morte. A vida é feita de ciclos, de movimentos, e precisamos deixar que essas mudanças nos levem para os nossos destinos. Quando eu aceito que tudo acontece exatamente da forma como deveria acontecer, minha vida continua e flui de forma leve, tranquila e em paz. Agora, quando eu quero que a vida seja do meu jeito, só me afundo mais e mais, porque não controlamos absolutamente nada. Não sabemos nem mesmo o que vai acontecer daqui a alguns segundos.

Quantas histórias você já ouviu de pessoas que estavam superbem, felizes, vivendo uma boa fase e, do nada, morreram? Às vezes até dormindo. É possível controlar isso? Não é. A vida é feita de novidades o tempo todo. Até acreditamos que existem coisas repetidas, mas não existem. É novidade a cada segundo. O minuto que estamos vivendo agora é diferente do minuto anterior, e os próximos também serão diferentes e únicos. Isso não é incrível? Olhar para a vida e perceber que nada se repete. É tudo sempre novo. O nosso corpo troca de células constantemente para se manter vivo e saudável.

A VIDA É FEITA DE NOVIDADES O TEMPO TODO. ATÉ ACREDITAMOS QUE EXISTEM COISAS REPETIDAS, MAS NÃO EXISTEM. É NOVIDADE A CADA SEGUNDO.

Uma vez, assistindo a uma palestra da querida colega de profissão Monja Coen, eu a ouvi falando sobre um provérbio chinês. Digo colega de profissão porque a monja também é jornalista. Ainda não tive a oportunidade nem o privilégio de sentar e conversar com ela por alguns minutos. Seria enriquecedor demais. Enfim, a Monja Coen citou na palestra a expressão japonesa "ichi-go ichi-e", que significa "nada jamais se repete" ou "apenas uma vez". Ela disse que tudo na vida acontece uma única vez, e aquilo entrou na minha mente como um remédio para uma fase difícil que eu estava vivendo.

Eu havia entrado em um ciclo de reclamações. Nada estava bom e, quando algo acabava, eu chorava, fazia birra, sofria horrores e me colocava no fundo do poço, porque acreditava que isso faria as coisas voltarem a ser como eu gostaria que fossem. Pobre de mim, só me afundei mais e mais. Um fim sempre nos assusta, por mais que às vezes já prevíssemos que ele aconteceria mais cedo ou mais tarde, mas temos que ter disposição para a vida.

É maravilhoso viver tanta novidade, mas você quer continuar nesse mesmo ciclo a vida inteira? A gente sempre prefere os começos felizes, os inícios incríveis, o frio na barriga da aventura gostosa, mas sem um fim não existe um começo. Pense em quantos finais você já não viveu ao longo de sua vida. O final de uma amizade, de um emprego, de uma viagem, de um amor, de um livro bom, de uma série linda e emocionante, de um jantar gostoso, de um saboroso pacote de bolachas (ou biscoitos, se preferir).

Os finais nos rodeiam o tempo inteiro. São parte da nossa existência. Legal isso, né? Ainda assim, você prefere lutar contra os finais e chorar, gritar, espernear com tudo o que a vida te tirar. Ótima escolha, mas não se esqueça de que, enquanto você continuar pensando assim, as novidades e os novos ciclos não vão te alcançar e você viverá esse estresse eterno de não aceitar os finais. Agora, se você entender que tudo o que acontece faz parte da vida, do existir, estará preparado para viver uma nova amizade, um novo amor, um novo jantar, um novo emprego, outra viagem, outro livro e tantos outros começos que farão seu coração ficar mais feliz e leve. Os finais e os começos são todos uma coisa só. O que os separa é somente o nosso momento de deixar doer, ressignificar e se preparar para o novo. Abra sua mente para o novo, libere as entradas do seu coração para novas emoções, seja esperto para ver que a vida está acontecendo agora e que nada nem ninguém poderá te impedir de viver os recomeços. Faça as pazes com a vida nesse momento. Diga em voz alta: "Eu mereço ser feliz e viver novos começos".

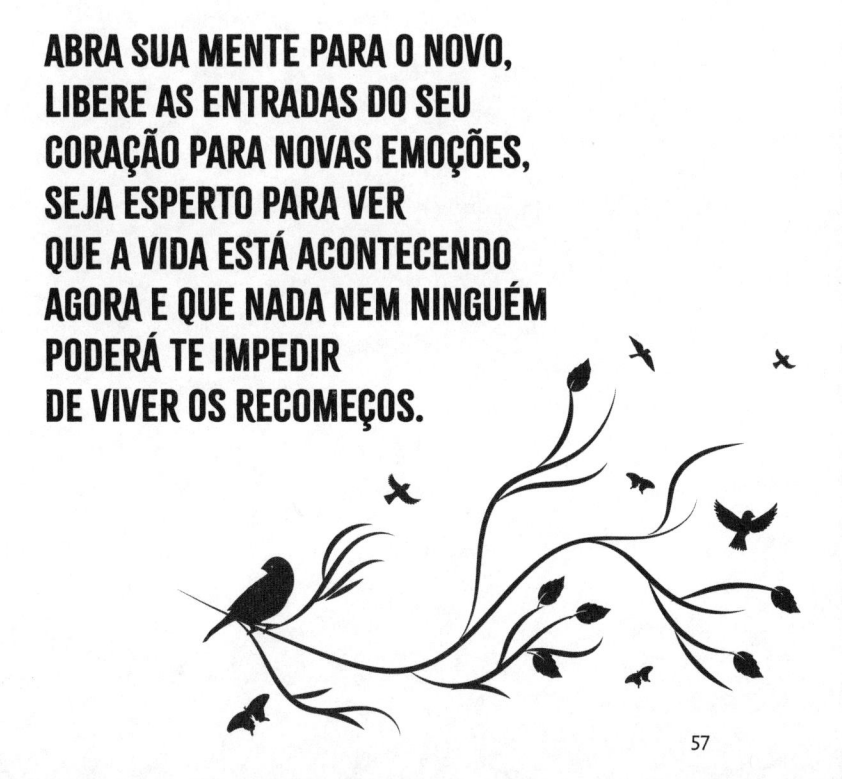

ABRA SUA MENTE PARA O NOVO, LIBERE AS ENTRADAS DO SEU CORAÇÃO PARA NOVAS EMOÇÕES, SEJA ESPERTO PARA VER QUE A VIDA ESTÁ ACONTECENDO AGORA E QUE NADA NEM NINGUÉM PODERÁ TE IMPEDIR DE VIVER OS RECOMEÇOS.

Fale várias vezes em voz alta para você mesmo. Se tiver vergonha de fazer isso perto de alguém, grite alto dentro do carro, no seu quarto, em um bosque, na zona rural, enfim, grite, mas grite com o coração aberto para que realmente o novo te alcance. Faça isso várias vezes ao dia por vários dias e, quando menos esperar, sem nem perceber, estará brindando um novo começo que só está esperando a sua boa vontade para que possa chegar.

Idealizei uma pessoa que não existia

Quem nunca sonhou em encontrar o príncipe encantado que chega em um cavalo branco e te leva para viver o "felizes para sempre", ou quem sabe aquela princesa com um sorriso no rosto e com um desejo único de te fazer o homem mais feliz do mundo? Todos nós sonhamos com isso e não vejo problema algum em sonhar com uma pessoa atenciosa, carinhosa, que abre a porta do carro para você entrar e te serve um vinho, que realmente cuida de você e da relação. O problema é sonhar acordado. Eu diria até que é um pesadelo, e não um sonho.

A química de conhecer uma pessoa é tão forte que nos faz achar lindo tudo o que ela nos apresenta. Às vezes, a maneira como o outro nos toca e nos coloca na relação nos distancia de nós mesmos e nos coloca em prisões. Idealizar alguém é tão perigoso quanto andar de olhos vendados à beira de um precipício.

Minha terapeuta sempre me fala que preciso colocar no papel o que espero de um relacionamento. Sabe aquela colinha que devemos fazer e deixar na geladeira? É isso. Escrever tudo, absolutamente tudo. Para minha vida, eu quero uma pessoa emocionalmente responsável, que respeita outros seres humanos, espiritualizada, que sabe ouvir, que valoriza os aprendizados que a vida lhe trouxe, que estuda bastante, que gosta de conhecer, que ama a família, enfim; temos que fazer nossa lista com todas as prioridades. Mesmo que nesse momento você ainda esteja remoendo o término anterior, faça sua lista. Quando sabemos o que queremos para nossa vida, nada nem ninguém nos deixa cegos.

Você precisa saber o que quer para um novo ciclo. Isso não tem nada a ver com ser exigente, mas sim com ser justo com suas escolhas. Ao conhecer alguém, precisamos ter o mínimo de noção do que queremos; quando não sabemos, qualquer coisa linda, fofa e querida serve. Entendeu? O maior perigo emocional é a idealização, a criação expectativas. O amor é algo tão surreal que é capaz de criar situações que não existem. Nós idealizamos tanto a necessidade de um relacionamento que a primeira pessoa que surge parece ter todas as características que queremos em alguém. Eu atribuo ao outro qualidades que não fazem parte da vida dele.

A ilusão e a alienação são tão grandes que até mesmo um momento de grosseria passa despercebido; uma situação grave de ciúmes sem motivo e agressão verbal vira um sentimento bom, como se significasse amor e proteção. Esse processo nos faz criar enormes fantasmas emocionais e, quando percebemos, já estamos namorando, noivando, casando e tudo mais. Agora, quando sabemos o que queremos, entramos numa relação de olhos bem abertos e, ao menor sinal de falta de amor, nos retiramos imediatamente.

A idealização empobrece a relação. Muitos relacionamentos acabam justamente por não haver um equilíbrio entre o que o outro é e o que eu digo que ele é. Eu sei como sou, mas o outro me idealiza. Ao entrar numa relação idealizando, automaticamente deixo de ver as verdadeiras qualidades do outro e vejo somente o que eu quero ver, o que já está comandado pelo meu cérebro. A visão segue comandos do nosso cérebro, por isso é mais importante focar atitudes reais do que atitudes que eu quero que o outro tenha.

Não se pode entrar numa relação achando que o outro é perfeito. Não se pode nem se deve entregar o troféu da perfeição para o outro. A carência nos faz levar o outro para o mundo perfeito, onde não há diferenças, brigas nem tudo o que acontece dentro de uma relação dita normal. Ao focar sua visão em enxergar quem realmente é o outro, você aumenta muito as chances de não se frustrar no meio do caminho. O amor romântico, muito presente no cinema, na televisão e na literatura, é lindo, mas não existe da forma como é pregado. Uma relação saudável tem diferenças, e a pessoa perfeita não existe.

O padre Fábio de Melo, em um de seus textos, trata desse assunto com maestria. Ele diz que a pessoa ideal não existe, o que existe é a pessoa certa. Melo fala que a pessoa certa condensa defeitos e qualidades, e a somatória de tudo resulta numa realidade pela qual o outro se apaixona. Já a pessoa ideal é construída por nossa mente e não existe. Pessoas ideais só existem nas nossas ideias. Eu concordo totalmente com o padre, e é por isso que sempre digo: ao conhecer alguém, ao viver a paixão, tome cuidado para não ficar cego e se esquecer de tudo o que você queria para um relacionamento. A carência nos faz mendigar afeto e transformar pessoas frias em calorosas.

Eduardo é um rapaz que sempre sonhou em se casar e ter filhos, mas nunca parou para analisar como gostaria que fosse sua futura esposa. Ele não fez a lição de casa, não colocou no papel. Ao se envolver com a possível parceira eterna, começou a idealizar já nos primeiros encontros a mulher perfeita para ser mãe de seus filhos. Ele chegava aos encontros com aquele olhar de apaixonado, inocente, e nem se deu conta de que a parceira estava prestes a dar um duro golpe emocional nele.

Até mesmo os momentos em que ela pedia para ver as mensagens no celular dele, antes do namoro, Eduardo achava fofos da parte dela. Pensava que a amada só estava muito apaixonada e queria proteger o amor de ambos. Que nada! Era cilada. Na verdade, ela era uma pessoa manipuladora e perigosa.

Passados alguns meses, Eduardo começou a cair em si, mas era tarde. Eles já estavam namorando e muito envolvidos, ou seja, a prisão emocional estava pronta. Durante um encontro, que deveria ter sido incrível, Eduardo levou um tapa no rosto. Não foi um tapa qualquer, e sim um tapa muito forte, daqueles que chegam a estalar e o cérebro parece que vai sair da cabeça. Detalhe: eles estavam em um restaurante lotado. O motivo do tapa? Eduardo aceitou dar gorjeta à garçonete totalmente respeitosa que só estava fazendo seu trabalho com amor e profissionalismo. A namorada dele não gostou e, em uma crise de posse, deu-lhe o tapa mais forte que Eduardo já havia recebido.

Foi uma situação terrível para ele, que não sabia se cuidava da dor ou da vergonha que estava sentindo. Os dois brigaram, mas fizeram as pazes, e desde então a vida dele nunca mais foi a mesma. A parceira exerce forte controle sobre ele, que não podia mais sair com os amigos para jogar futebol por conta dos jogos emocionais que ela fazia e até ameaças do tipo "se você for, não me procure mais". Eduardo começou a desabafar com os amigos; contava que a namorada havia mudado completamente e dizia que estava tentando deixá-la, mas não conseguia porque estava muito apaixonado e envolvido emocionalmente. O que Eduardo não tinha parado para pensar era que o modo controlador estava presente na companheira desde o primeiro encontro, mas ele, por ter idealizado a esposa perfeita, não havia visto os sinais, que por sinal eram gritantes.

Idealizar no outro a pessoa que queremos é algo muito perigoso. Ninguém tem a obrigação de satisfazer nossos desejos e muito menos de ser quem gostaríamos que fosse. Estar de olhos bem abertos nos começos não é ser desconfiado, exigente ou medroso, mas sim um gesto de inteligência. Não é julgar e não aceitar as atitudes do outro, mas sim observar o que nos pode prender ou fazer mal.

O apego me pegou

O apego emocional que construímos com alguém é sempre um fator marcante na hora da separação. A convivência cria vínculos e rotinas que, no rompimento, nos corroem como ácido. E, independentemente da quantidade de vezes que você se encontrava com seu parceiro ou parceira, essa ruptura vai doer da mesma forma por conta do apego. Para entender a origem do apego, precisamos voltar à infância. Eu amava as aulas de desenvolvimento humano, no primeiro ano da faculdade de psicologia, em que estudamos a origem da infância e toda a construção emocional que fazemos desde a barriga da mãe.

Uma criança, quando vem ao mundo, não consegue se desenvolver sem o contato direto com outras pessoas. Se não houver o contato físico da criança com a mãe, a troca de olhares, a amamentação, os cuidados básicos que a mãe tem com o filho quando ele chora, os ensinamentos que os pais passam para o bebê, esse ser humano que acaba de chegar ao mundo não consegue viver. As crianças nascem sem aprendizado algum, apenas com instinto para se alimentar e outras funções, e, se os pais não a ensinarem e não cuidarem dessa criança, ela não sobrevive.

Os psicanalistas alertam que a ausência materna na infância gera dor e sofrimento para o bebê. Ao perceber que a mãe não está por perto, a criança chora, esperneia e grita, mas, ao ver a mãe, rapidamente se acalma. Conforme o tempo vai passando, o bebê percebe que a ausência materna por alguns segundos não significa abandono. A criança precisa se sentir segura, protegida pela mãe, alimentada, e esse vínculo gera nosso primeiro contato com o apego. É um apego saudável, gostoso, que gera emoções boas e ajuda no crescimento saudável e evolutivo da nossa psique.

À medida que crescemos, vamos transferindo nossos apegos. Na adolescência, por exemplo, esse apego se distancia um pouco da figura dos pais e da família e vai para os amigos preferidos da escola. Você já teve aquele amigo ou amiga que era um grude e só de pensar em ficar longe dele você sentia tristeza e solidão? Acredito que quase todo mundo viveu essa fase. É importante olhar para essas fases que a psicologia do desenvolvimento nos mostra e observar que o apego sempre esteve conosco. Ele faz parte das relações humanas e, por isso, não devemos nos culpar por nos apegar a alguém.

Já assisti a vídeos na internet de algumas pessoas falando que não devemos nos apegar ao outro ou algo do tipo. É a mesma coisa que dizer que não podemos respirar. É impossível. O que podemos e devemos é não depender do outro para sermos felizes, é encontrar a felicidade na nossa rotina, nas nossas tarefas, no viver, na profissão, no estudo, a fim de não depositar toda a felicidade no outro; mas o apego, desse não temos como fugir. Ele existe em todas as relações. É fato que alguns são mais apegados que outros – por isso sugiro fazer terapia, porque nela encontraremos a origem de um apego além do normal –, mas nenhum ser humano está isento de apego porque, se não tivéssemos tido contato com ele na infância, nem estaríamos aqui.

Quando encontramos alguém e sentimos nosso coração bater forte pela pessoa, automaticamente começamos a nos envolver se o sentimento for recíproco. A partir de então, vamos construindo aos poucos os vínculos afetivos do apego natural. Vou citar alguns:

- **Confiança** – ao confiar na pessoa com quem estamos nos envolvendo, dizemos para ela e para nós mesmos que acreditamos nessa relação. Quando a pessoa se empenha em cuidar de nós, em cuidar da relação e em nos amar, aumentamos nossas ansiedades, e isso gera apego emocional.
- **Expectativa** – você talvez já tenha ouvido alguém falar que somos responsáveis pelas expectativas que criamos, não ouviu? Quem já fez terapia já ouviu muito isso, e é exatamente assim que acontece. Durante a relação, vamos criando expectativas e queremos que o outro dê conta de atendê-las. Somos injustos com nossos parceiros, né? Criamos situações que a pessoa não é obrigada a conhecer e queremos que ela nos atenda? Não é fácil, não. Ao criar essas expectativas, sejam elas pessoais, sexuais ou materiais, estamos mais uma vez em contato com o apego.
- **Empatia** – em um relacionamento, você se comove quando seu parceiro ou parceira está triste? Se sim, você tem empatia por ele e pela relação e, ao ter contato com a empatia, também tem contato com o apego. Criamos um vínculo com a pessoa e sofremos quando ela sofre, nos solidarizamos com os problemas dela, e essa junção de sentimentos nos causa o que os psicólogos chamam de dependência mútua,

em que cada um depende do outro de certa forma. E essa dependência mútua gera apego.

Ao ter contato com esses vínculos que citei e muitos outros que surgem durante o namoro ou casamento, começamos a misturar o que é nosso com o que é do outro. É como se aos poucos fôssemos grudando mesmo na pessoa e nos tornando uma só. Esse "grudar" gera muita dor e sofrimento durante a separação, porque existe apego emocional no outro. O apego saudável faz bem e é necessário para a relação; o problema é quando esse apego gera dependência: aí, é igual à dependência química, precisamos realmente nos afastar com urgência, porque senão vira doença.

Não à toa vemos direto nos noticiários tragédias envolvendo separações nas quais as pessoas não se dão conta de que o outro não é um objeto que não podem devolver. Nas minhas relações amorosas sempre me apego muito, e um dia minha terapeuta fez um exercício durante a sessão que achei o máximo. Esse exercício me ajudou a perceber o quanto eu invadia o espaço do outro achando que estava cuidando e protegendo. Ela pegou duas folhas de papel sulfite em branco e uma cola em bastão e entregou na minha mão. Durante a sessão, pediu que eu pegasse a cola e passasse nas duas folhas pensando nas minhas atitudes dentro do relacionamento, como não deixar o outro sair com os amigos, não deixar o outro viver momentos da rotina dele a sós, como ir para a academia, não ter meus momentos sozinho para refletir, sentir saudade e voltar, não ter amigos e viver somente um para o outro e várias outras situações em que nos colocamos sem saber dentro de um relacionamento. Logo depois de passar a cola, grudei uma folha na outra. Enquanto secava, minha terapeuta dizia que aquelas duas folhas eram eu e a pessoa no relacionamento.

Vivíamos grudados mesmo. Ninguém fazia nada sozinho e, ao tentar fazer, vinha aquele sentimento de ciúmes em um e de culpa no outro. Era um relacionamento grudento mesmo. Até aí, tudo bem, mas e na hora da separação, se ela um dia chegar? No meu caso chegou, e eu revivi a sensação quando a minha terapeuta pediu que eu separasse as duas folhas de sulfite rapidamente. Ela gritou: "Puxa, Fábio, vai, separa!". Eu puxei e foi uma tragédia. As folhas se rasgaram e não dava para saber qual era qual. Tinha pedaços de uma na outra e vice-versa. Estava tudo misturado e, ao deixar pedaços nossos no outro, a sensação de dor é ainda maior. O apego emocional estava instalado de todas as formas possíveis e mais um pouco dentro desse relacionamento. Não existia Fábio e outra pessoa. Éramos um só, e a separação foi muito dolorosa. Se não fosse a terapia, talvez eu nem estivesse aqui para contar essa história, porque a dor era algo insuportável. Logo depois, minha terapeuta pegou novamente duas folhas de sulfite em branco e colocou uma ao lado da outra sem cola, para que eu entendesse como é caminhar junto sem grudar, sem invadir o espaço do outro, permitindo que o outro faça coisas sem minha presença, que tenha momentos com amigos sem eu estar por perto. Uni as duas folhas e elas ficaram juntinhas, mas não grudaram, porque cada uma estava por inteiro em todas as relações exteriores. Quando minha terapeuta pediu que eu puxasse e separasse as duas folhas, nenhuma levou parte da outra. Saíram daquele grude intactas, sabendo o que cada uma era na própria vida. Não vou dizer que a separação não doeu, mas pelo menos elas não precisaram juntar pedaços lá e aqui para tentar voltar a serem inteiras. Elas saíram inteiras. O apego exacerbado gera dependência, e essa dependência gera relacionamentos doentios. Quando estamos dentro da relação, não percebemos. A ficha só cai quando um dos dois não quer mais estar ali. E, quando o amor acaba, a dor é grande e atinge não somente quem é deixado, mas também quem deixou de amar e se culpa por não gostar mais. Eu aprendi a lição e vou sempre tentar colocá-la em prática. Amar, cuidar, proteger, apegar-se saudavelmente e jamais grudar a ponto de viver tudo e a todo momento com o outro.

Os motivos para o fim

Um casamento ou namoro pode acabar por inúmeros motivos. Viver uma vida a dois é uma delícia quando existe conexão e compreensão, mas mesmo assim a rotina, a convivência, a falta de interesse de uma das partes ou de ambas, entre vários outros fatores, podem levar ao fim do relacionamento. No entanto, isso não quer dizer necessariamente que os dois deixaram de amar. Muito pelo contrário. O amor ainda pode existir, mas nem sempre vai sustentar a relação.

Gostaria que você fizesse uma análise do seu relacionamento junto comigo. Um dos fatores mais importantes a se pensar nesse momento é o que fez essa união começar. O que te atraiu para esse relacionamento? Seja verdadeiro ou verdadeira com você. Nunca se esqueça de que somos sempre nossos melhores amigos, e para nós mesmos e nossos terapeutas podemos falar a verdade, não precisamos nos enganar, porque com a verdade conseguiremos entender a base desse relacionamento.

Vamos lá. Suponhamos que seu relacionamento tenha começado porque todos à sua volta namoravam e você também resolveu namorar do dia para a noite. Você tinha este pensamento: "todos os meus amigos estão namorando, por isso vou namorar também". Talvez você não tenha se perguntado se eles namoravam e eram felizes ou se só estavam juntos por comodidade, por exemplo. Se o seu relacionamento começou por conta dessa falta que você sentia de ter um parceiro ou parceira, talvez você não tenha observado bem essa pessoa ao conhecê-la.

Quando carregamos esse peso da necessidade de ter alguém, não temos tempo para deixar o relacionamento fluir naturalmente. A vontade de ter um "cobertor de orelha" é tão grande que não avaliamos se aquela pessoa é realmente para nós. Se você parar para pensar bem e avaliar seus relacionamentos, todos demonstraram como seriam já nos primeiros três meses. Eu sempre defendo que os três primeiros meses são cruciais para saber se a ligação é boa mesmo. Lógico que muitos entram em um personagem e demoram para sair dele, mas sempre existem sinais e nós, por estarmos desesperados para ter alguém, os ignoramos e nos sabotamos pensando que a pessoa vai mudar. Não muda!

É bacana quando realmente nos apaixonamos pelos defeitos também, porque aumenta a chance de dar certo por muito tempo. Outro fator que faz um relacionamento começar já fadado ao fracasso é o medo da solidão (por exemplo: "preciso namorar e casar porque não sei viver sozinho, não consigo organizar minha vida e preciso que alguém me ajude"), ou, ainda, uma exigência doentia de ter um relacionamento eterno. Imagine a ansiedade que não será instalada nesse relacionamento? Isso para não falar nas cobranças iniciais do tipo: "você não pode fazer isso; eu não gosto que você me deixe sozinho". A relação já começa sem equilíbrio psicoafetivo e não consegue ir muito longe ou, se for longe, será com muita cobrança, desgaste e toxicidade, e pode terminar com duas pessoas se autodestruindo.

Costumo dizer que todo relacionamento começa com uma função, e sempre devemos identificar qual é essa função. Se for reparadora, por exemplo, as chances de gerar desgastes são muito grandes. O relacionamento reparador é aquele que começa com obrigações de reparar o que uma outra pessoa fez no passado. Vamos supor que você tenha sido traído ou traída e esteja jogando numa nova pessoa a obrigação de te fazer esquecer isso, limpar seus traumas e te satisfazer em tudo. Será que vai dar certo? Não posso afirmar, mas as chances de dar errado são grandes. Um novo amor precisa começar sem função reparadora alguma. Ele necessita ser uma nova história, sem fantasmas do passado. Se o namoro ou casamento começa com a função de reparar algo, muito provavelmente os dois não darão conta psicologicamente de reparar os danos passados.

O psicólogo clínico e escritor italiano Edoardo Giusti sempre fala em seus livros da importância de um bom equilíbrio psicoafetivo no início de um relacionamento, seja um namoro, seja um casamento. Giusti diz que a promessa de viver juntos pelo resto da vida gera obrigações e ansiedades que só podem ser superadas com um bom equilíbrio emocional. A ilusão de que tudo será perfeito e de que o casal precisa viver "feliz para sempre" gera um sentimento de frustração se algo não sai como o planejado.

Quando a união começa, somos bombardeados com uma espécie de tranquilizante natural que nosso corpo produz. O afeto, a atração sexual, o desejo de estar por perto, o amor, o romance e o envolvimento geram sensações boas que conseguem dar conta das diferenças iniciais, das dificuldades, dos problemas e dos medos. Temos aquela sensação de ter encontrado a pessoa da nossa vida e de que ela nos foi enviada por algo divino. É uma sensação única, e ao olhar para o outro sentimos que o encaixe foi perfeito, apesar das pequenas diferenças iniciais. No entanto, com o passar do tempo, as emoções naturalmente diminuem, e nem todos estão prontos para viver a realidade de estar acompanhado.

Se um dos parceiros continuar nessa ilusão de que tudo tem que ser perfeito, muito provavelmente os dois entrarão em conflitos que vão gerar desgastes emocionais para a relação. É quando o casal pode sentir todas as emoções possíveis e, em alguns momentos, todas juntas, como amor e ódio, alegria e tristeza, atração e repulsão, afeto e aversão, entre outras. Giusti defende que esses sentimentos nunca podem ser separados completamente, mas que infelizmente não fomos educados sentimentalmente para lidar com tudo isso.

Não podemos esquecer que o relacionamento vai nos gerar problemas, e o nosso desafio é saber lidar com eles. Não podemos começar um namoro ou casamento achando que o parceiro ou parceira vai superar todos os nossos problemas e que a partir dali seremos felizes o tempo todo. Isso não existe. Na verdade, os problemas podem aumentar à medida que a relação vai se construindo, mas, se estivermos psicologicamente saudáveis e tivermos essa noção de que não é e nem deve ser perfeito, conseguimos superar as diferenças, desde que elas não sejam destrutivas.

Eu particularmente acredito no "viveram juntos para sempre" e não no "viveram felizes para sempre", porque sabemos que um relacionamento não se mantém somente com felicidade, mas também com a forma como o casal lida com as dificuldades. E o para sempre, às vezes, é o tempo que tinha que durar. Se foi bom enquanto durou, perfeito. Se, com o passar do tempo, uma das partes ou as duas deixam de se entender, vivem brigando, não se admiram mais, não trocam carinhos e elogios, destroem a autoestima um do outro, para que viver para sempre assim? Viver para sempre infeliz?

No passado, a sociedade cobrava muito de quem chegava à decisão de não querer mais o relacionamento porque não estava fazendo bem. As mulheres, principalmente, eram tachadas e humilhadas quando não queriam mais o parceiro. O status de casado falava mais alto e, para a família, era uma vergonha um casal não dar certo. Ainda bem que isso ficou no passado. Com a facilidade do divórcio e a mudança de pensamento das famílias e da sociedade, hoje em dia é muito mais fácil sair de uma relação que não é sadia.

Antes, muitos casais continuavam juntos mesmo que uma das partes fosse humilhada, desrespeitada, agredida em alguns casos, e tudo continuava "normalmente", porque o casamento era algo maior. Hoje em dia, não. O que não se pode é, como eu já disse, querer achar que o relacionamento será perfeito e na primeira diferença correr para a separação. Agora, se não existe mais comunicação, atração sexual, respeito e admiração e tudo se torna motivo de brigas, para que viver para sempre assim? O ideal é olhar para a relação, entender os motivos, sentar civilizadamente como adultos e decidir o que é melhor para ambos.

Não se culpe por não ter dado certo se você fez de tudo para que a relação decolasse. Às vezes a conexão e os motivos para ficar acabaram porque a história tinha que ser assim. Nesse momento, o melhor é olhar para a relação e ver o que um ensinou para o outro, tirar as lições positivas e negativas e seguir a vida. Não carregue com você a obrigação de ser feliz para sempre com determinada pessoa, mas sim a de ser feliz hoje.

**NÃO CARREGUE COM VOCÊ
A OBRIGAÇÃO DE SER
FELIZ PARA SEMPRE
COM DETERMINADA PESSOA,
MAS SIM A DE SER FELIZ HOJE.**

Sentimento de fracasso

O sentimento de que não somos bem-sucedidos no amor é algo que vive dentro de muitas pessoas. Quando o relacionamento acaba, a sensação que temos é que devemos prestar contas de tudo o que aconteceu para a sociedade. Geralmente, a família cobra muito, né? Ao chegar a um almoço com familiares em um domingo, tudo o que queríamos ouvir era "estamos aqui para o que der e vier e vamos passar por isso juntos", mas não. Na maioria das vezes, o que ouvimos é: "Mas por que não deu certo? Não dá para tentar novamente? Vocês eram tão lindos juntos!". Essas frases nos deixam ainda mais confusos e tristes.

A verdade é que ninguém foi treinado para lidar com uma pessoa após o término de um relacionamento. Embora seja um luto comparável ao da morte, o luto do término é pouco respeitado pelos outros. É um momento difícil, em que a única coisa que queremos é ser compreendidos e acolhidos para que o sentimento de frustração passe o quanto antes. Mas não, somos lançados no precipício do fracasso amoroso e internalizamos esse sentimento horrível.

Nem todo mundo sai de uma relação com a certeza de que foi a melhor escolha. Quem foi deixado, por exemplo, precisará lidar com o sentimento de pena de amigos e familiares, o que é extremamente difícil. A ideia de que encerrar um namoro ou casamento é sinônimo de fracasso perdurou por muitas décadas. Milhares de casais se separaram em um passado pouco distante ouvindo que não poderiam ter chegado a esse ponto. As pessoas eram punidas pelos mais próximos e chegavam a ser rotuladas como alguém que não poderia namorar novamente porque não daria certo ou que, se casasse de novo, poderia se separar outra vez. Quanta bobagem! O pior é que em muitas famílias essa tradição continua, e isso só deixa os casais mais infelizes ainda.

Outra situação chata é quando os amigos do casal ou até mesmo amigos mais íntimos de um dos envolvidos tomam partido e pendem para algum lado. Nesse caso, o sentimento de fracasso é ainda maior. Quem está de fora jamais vai entender a complexidade de um relacionamento. É impossível alguém de fora compreender os motivos que levaram ao fim de forma mais íntima. Em um término, sempre haverá dois lados, e só quem está dentro consegue sentir.

Na condição de amigos, o que devemos oferecer sempre é a empatia, e não os conselhos que deixam a pessoa ainda mais perdida na decisão. O melhor é ouvir, e não tentar aconselhar muito ou tomar partido. Com o passar dos dias, a pessoa que terminou ou que foi largada começará a encontrar naturalmente pontos positivos no término. Aos poucos, o sentimento de fracasso ficará de lado e a sensação de que foi melhor assim começará a fazer morada dentro de cada um. Não alimente o sentimento de fracasso, porque ele não existe. Se o amor não funcionou, a culpa nunca será de um só, com exceção das pessoas que não respeitam o parceiro.

Você era a minha razão de viver

Você com certeza já ouviu falar que equilíbrio é algo extremamente importante em todas as áreas da vida, não é mesmo? E no amor não é diferente. Tenho visto muitas pessoas apostando tudo, exatamente tudo no outro, e isso, além de não ser saudável para ambos, é destrutivo e perigoso. Você teria coragem de vender tudo o que conseguiu comprar até hoje para fazer uma mega-aposta na loteria? Você faria a aposta sabendo que, se não acertasse os números, mesmo com uma probabilidade mais alta em relação aos demais apostadores, ficaria sem absolutamente nada? Se a resposta for sim, recomendo que você faça o mesmo com seus futuros relacionamentos ou com o atual, se estiver em um. Aposte suas conquistas, sua motivação pessoal de viver, sua alegria, seus sonhos, absolutamente tudo! Coloque tudo nas mãos do outro.

Digo isso porque somente quem tem coragem de apostar todas as conquistas de uma vida na loteria deveria ter coragem de entregar tudo nas mãos do outro sem nem sequer saber para onde está indo. Você será muito infeliz se seguir esse caminho. Para que uma relação seja saudável e duradoura, ambos precisam estar bem resolvidos e felizes com suas escolhas. Amar é se doar, e doação não se cobra. Apostar exatamente tudo em um relacionamento nos leva a fazer cobranças infundadas, sem sentido, e cria dentro de nós aquele sentimento de que o outro precisa atender a todas as nossas expectativas.

Daiane era uma jovem muito bonita, atraente e que amava estudar, até que um dia conheceu um rapaz em uma loja de conveniência e os dois começaram a conversar. Foi o encontro mais natural possível. Ele puxou papo com ela na fila do caixa e ambos sentiram que tinham algo em comum. Meses se passaram e os dois continuavam conversando. Eles moravam na mesma cidade. Para a surpresa dela, o rapaz decidiu pedi-la em namoro. Daiane rapidamente aceitou. Ela não conseguia esconder a felicidade que estava estampada em seu rosto por ter conhecido uma pessoa tão simpática e especial.

Os dois mergulharam no relacionamento, que era uma delícia. Viam-se praticamente todos os dias. Aos poucos, Daiane foi trocando a rotina com as amigas para viver a rotina com o namorado, o que é absolutamente normal por questões de prioridade. O que a jovem não percebeu foi que não conseguia fazer mais nada sem o namorado. Ele era praticamente o "chaveirinho" dela, estava em todas as ocasiões e, por se amarem muito, foram se fechando um no outro. O namoro, que era fofo e bonito aos olhos dos amigos, foi se tornando algo destrutivo a longo prazo.

Em dois anos, Daiane não tinha mais amigas, porque tinha se afastado de todas. O parceiro dela também não tinha mais amigos porque vivia em função do relacionamento. O namoro era a razão de viver de Daiane e ela não conseguia fazer mais nada sozinha ou sem compartilhar com o companheiro. O que aconteceu com ambos? Tornaram-se completamente dependentes da relação, o que para muitos é visto como bonitinho. Talvez não houvesse tanto problema, mas um dia o parceiro de Daiane decidiu experimentar outra boca. Foi o que aconteceu. Ele a traiu, gostou e decidiu ficar com a amante. E o que aconteceu com Daiane? Entrou em uma depressão profunda, porque a única felicidade da vida dela era o parceiro. Ir para a casa dos pais não tinha mais graça, chegar em casa e saber que não ia mais ver o namorado era uma tortura, o trabalho não tinha mais valor, porque antes eles trocavam mensagens a todo segundo quando ela estava lá.

Emocionalmente falando, ela não era mais nada sem o companheiro e, por isso, veio a crise existencial, de não saber mais quem era e o que queria. A terapia não conseguia reparar em pouco tempo o estrago emocional no qual ela se encontrava naquele momento. Era como se ela tivesse desistido de viver por ter vivido demais um amor que parecia ser eterno. Nada mais tinha graça e a dor falou mais alto. Daiane tentou tirar a própria vida tomando muitos remédios de uma só vez. Uma amiga sentiu no coração o desejo de visitá-la e se deparou com a tragédia. Essa amiga deve ser um anjo, né? Ao chegar em casa, a amiga encontrou Daiane desmaiada e tendo convulsões. Rapidamente ela foi levada para o hospital, passou por vários procedimentos e sobreviveu. Foram meses de tratamento, e além de lidar com a dor da perda, ela teve que aprender a ter vida própria. Por sorte, não teve sequelas.

Quatro anos se passaram. A ajuda psicológica e o esforço pessoal fizeram Daiane se reerguer e perceber que o namorado era apenas um namorado, mas que por permissão dela mesma ele havia ocupado todos os espaços possíveis de sua vida social e amorosa. Ela se fechou para tudo e se abriu para uma única pessoa. Viu o perigo? O outro era tão importante na vida dela que, depois de perdê-lo, deixou de encontrar sentido em estar aqui.

É isso que está acontecendo cada vez mais nos relacionamentos. Estamos muito carentes e vulneráveis, principalmente após a pandemia, e quando alguém oferece um carinho já entregamos absolutamente tudo. O relacionamento saudável é aquele em que os dois indivíduos cuidam de si e, quando estão juntos, cuidam do casal. Cada um tem sua rotina de trabalho própria, amigos diferentes, gostos e desejos e ficam juntos por escolha, e não por dependência. São indivíduos que escolheram estar juntos e que por isso preservam suas individualidades.

O que sustenta a relação deve ser o amor, e não a necessidade de suprir situações emocionais mal resolvidas no passado. É como se dentro do namoro existisse a vida pessoal e a vida do casal, entende? Isso não quer dizer ir para uma balada sem o parceiro, sabendo que ele pode se machucar, ou até mesmo deixar a companheira em casa e sair viajando por aí sozinho, sabendo que ela poderia ir junto. Estou falando da individualidade no dia a dia, com amizades, no trabalho, em uma conversa gostosa e individual com um amigo, na escolha de uma nova faculdade, e por aí vai.

Quem atingir esse grau de maturidade conseguirá ter uma vida feliz em todos os aspectos. Se os dois conseguirem manter esse equilíbrio com o avançar da relação, conseguirão uma união duradoura e saudável; e se, por acaso, um dia a vida os separar, eles ainda terão toda a vida pessoal para ajudá-los a se reerguer. Agora, quem aposta absolutamente todas as fichas no relacionamento não tem onde segurar se esse castelo ruir.

**AMAR É SE DOAR,
E DOAÇÃO NÃO
SE COBRA.**

A coragem de enxergar o óbvio

O óbvio geralmente só é óbvio para quem vê de fora. Infelizmente, nem sempre conseguimos enxergar o que é natural ou óbvio quando estamos envolvidos dos pés à cabeça em uma relação. Seja por falta de experiência, seja por falta de coragem, buscar enxergar o óbvio é uma tarefa para pessoas corajosas. Atualmente se tem falado muito sobre relações tóxicas, abusivas e destrutivas, e elas realmente existem e estão por todos os lados fazendo vítimas.

Rafaela começou a conhecer um rapaz em um dos momentos mais difíceis da vida dela: cinco meses após o término de um longo relacionamento de oito anos. A jovem, de 28 anos, estava muito vulnerável e louca para encontrar um rapaz que a ajudasse a superar o ex. E não é que ela encontrou? Ele era muito jovem também, tinha 25 anos, e estava cheio de boas intenções. O problema é que nos primeiros encontros Rafaela percebeu que não sentia tanta atração assim pelo rapaz, mas, por pensar que pudesse ser algum resquício do relacionamento anterior, continuou se encontrando com o pretendente. Ele era uma boa companhia.

Como ela mesma me disse, era um rapaz cuidador, amoroso, protetor, parceiro, que gostava de conversar bastante e estava louco para se casar. Renata continuou os encontros. A companhia dele supria suas carências, a solidão dos sábados à noite e finais de domingo e o desejo de ter um parceiro, mas sexualmente ela não estava feliz, e isso era nítido. Não por ele ter algum problema na cama, nada disso, mas simplesmente por não haver conexão sexual entre ambos.

Renata ignorou o óbvio com a desculpa de que isso melhoraria no longo prazo, porque ela ainda estava sofrendo pelo ex. Na verdade, ela só se sabotou. Eu sempre digo que começo de relacionamento tem que ser muito bom para ambos, inclusive sexualmente. Depois, a tendência é esfriar um pouco; então, se no começo já for ruim, não espere nada melhor anos à frente. Renata fingia orgasmos e continuou ignorando o óbvio: era um rapaz bom, mas não para ela. Ela foi pedida em namoro, mas era nítido que não estava cem por cento feliz; estava apenas se escondendo de um término doloroso.

Os dois fizeram algumas viagens, frequentaram muitos restaurantes, cinemas, rodas de amigos, churrascos, famílias, e pareciam ser o casal perfeito. Todos foram enganados por Renata, desde amigos a familiares dela e do rapaz. Quase dois anos depois, Renata começou a se olhar realmente como mulher e percebeu que seus desejos não eram satisfeitos na relação. A realidade veio e ela sentiu que havia se abandonado desde os primeiros encontros. Ela anulou os próprios desejos para se encaixar numa relação na tentativa de fazer dar certo. Lógico que não deu. Renata já estava tomando antidepressivos e desenvolveu crises de ansiedade durante o namoro. Ao cair em si, veio o desejo: terminar o relacionamento imediatamente.

Após algumas sessões de terapia, a coragem veio e o namoro foi interrompido. Todos levaram um susto. O casal que era aparentemente perfeito agora estava separado. Ninguém entendia, e alguns amigos do rapaz chegaram a cogitar que ela tivesse outra pessoa. Nada disso! Ela tinha mesmo era se abandonado, e após algum tempo começou a busca por ela mesma e pela sua felicidade. O rapaz aceitou o término, após várias tentativas de reatar o namoro, mas sofreu por muitos meses e precisou de ajuda terapêutica para entender por que o relacionamento perfeito tinha acabado.

Entende a consequência de fugir do óbvio? De fechar os olhos para a realidade? Não é somente sua vida que está em risco, mas também a do outro. E temos que ser responsáveis ao entrar em um relacionamento. Quando estou perdido, misturado com o outro, não me vejo. Enxergo tudo, menos a mim mesmo. Ao abrir os olhos para enxergar o que não quero, consigo aos poucos me ver novamente dentro dessa relação. O que eu sou? Quais são os meus desejos? Esse ser humano tem as características da pessoa que quero para minha vida? Amo essa pessoa porque ela é incrível, amo porque ela é uma pessoa honesta, querida, boa companhia, ainda que alguns aspectos dela não se encaixem com tudo o que eu também amo em mim.

Quando me olho, começo a enxergar o que eu gosto em mim. Mas não se cobre. Clarice Lispector nos acalma com relação a esse assunto dizendo que "O óbvio é a verdade mais difícil de se enxergar". Lendo esse assunto no livro, parece simples de resolver, mas não é. Enxergar o óbvio envolve uma série de situações, experiências, desejos, medos que temos dentro de nós. Por isso fugimos do óbvio e criamos situações do tipo "a pessoa vai melhorar", "já, já esse relacionamento decola", e infelizmente não vai. Ou você sente ou você não sente.

É possível, sim, se apaixonar pela pessoa ao longo do namoro, mas não é tão simples. Por isso os psicólogos tanto falam que antes de sermos verdadeiros com o outro no relacionamento precisamos ser verdadeiros com nós mesmos. Amar é ceder, se envolver; namorar é abrir mão de algumas coisas, mas não confunda isso com se anular, se abandonar. Se você não sente muito, não demore a colocar um ponto-final antes mesmo de começar um namoro ou, se estiver namorando, antes do noivado.

Ninguém quer se relacionar com um personagem, com alguém que não existe. Não se despersonalize para fazer dar certo. Seja flexível, seja ajustável, mas não se anule a ponto de se abandonar. Você precisa estar bem para fazer bem ao outro também. Se você se abandona para fazer alguém feliz, automaticamente está deixando de ser feliz e de fazer o outro feliz. Ninguém é capaz de melhorar a felicidade do outro se anulando. A frustração vira expressão corporal. Deixar de expor seus desejos reais e naturais não é interessante para você nem para ninguém. Nunca deixe de falar sobre suas vontades, seus desejos, o que gosta de fazer, de sentir; tudo isso é importante para que você exista numa relação e para que você entre nela sendo você, e não um personagem de novela. São suas características reais que farão dar certo.

QUANDO ESTOU PERDIDO,
MISTURADO COM O OUTRO,
NÃO ME VEJO.
ENXERGO TUDO, MENOS A MIM MESMO.
AO ABRIR OS OLHOS PARA
ENXERGAR O QUE NÃO QUERO,
CONSIGO AOS POUCOS ME VER
NOVAMENTE DENTRO DESSA RELAÇÃO.
O QUE EU SOU?
QUAIS SÃO OS MEUS DESEJOS?

Não consigo desistir da gente

Um dos maiores desafios que a vida pode nos impor é desistir de quem amamos, principalmente se eu não me amo a ponto de ter forças de sobra para colocar um ponto-final. A relação não funciona mais, não existe mais tanto amor, conexão, tesão, mas eu não consigo deixar a pessoa ir embora. A maior dificuldade é desistir da história construída a dois, em parte porque não sabemos do nosso valor e não temos noção do nosso potencial de virar a página. Sim, todos temos potencial para virar a página.

No fundo sabemos que temos capacidade de enfrentar a dor de frente, mas nos vemos como fracos. Sabemos do nosso valor, do que merecemos e da felicidade que poderemos ter em uma nova história, mas escolhemos ficar com a miséria de sentimentos porque acreditamos que merecemos pouco. Sabemos que somos dignos de respeito e amor, mas aceitamos gotículas de amor que nos dão e, mesmo assim, não conseguimos ir embora. Temos a plena certeza de que merecemos paz, mas não nos vemos no direito de deixar o outro, mesmo quando o outro não se esforça nem um pouco para fazer a coisa funcionar.

Na verdade, nós sabemos que toda mudança importante em nossa vida só depende da nossa força, da nossa determinação e coragem para lutar pelo melhor. Não existe crescimento sem dor, sem entrega e sem tombos. Para alcançar nossas forças, é preciso olhar para dentro, sentir, enxergar como somos. Temos que fechar os olhos para o preconceito que temos contra nós mesmos e contra nossos valores. Não há nada mais libertador do que descobrir a própria verdade. Não tenha medo das suas verdades, de ser quem você é. Olhe para dentro de si, ouça a si mesmo e tome posse das suas verdades.

O que você é? Do que você gosta? O que você quer para a sua vida? O que te faz feliz? São respostas que precisam estar na ponta da língua na hora de tomar uma decisão importante. São as respostas para essas e outras perguntas que você precisa se fazer que te darão embasamento emocional para criar a coragem de que você necessita nesse momento.

Beatriz sempre foi uma mulher bonita, inteligente, dedicada e atraente. Se envolveu com vários rapazes, namorou alguns, mas os relacionamentos nunca passaram de um ano. A média era essa, o que a deixava muito triste e frustrada. Eram relacionamentos que começavam com alegria, entusiasmo, amor, mas que do dia para a noite viravam fumaça na cabeça dela. O sentimento simplesmente desaparecia e Beatriz não conseguia sustentar a relação. Isso a deixava muito preocupada e, após recomendação de uma amiga, a jovem advogada decidiu buscar ajuda na terapia.

Foram muitos meses de sessões com uma excelente terapeuta da área comportamental para Beatriz perceber e cair em si. Foi a descoberta mais impressionante da vida dela. A falha na hora da escolha estava debaixo do nariz de Beatriz, na frente dos olhos, mas ela não via. Foi preciso mergulhar na própria história e no inconsciente para descobrir que as escolhas que ela fazia de homens não eram dela, e sim dos pais.

Os parceiros de Beatriz eram escolhidos para satisfazer os desejos que os pais dela tinham de um futuro genro.

O radar dela estava programado de acordo com as coisas que ela ouvia dentro de casa a respeito do estilo de marido que ela precisava arranjar, mas esse estilo não a agradava. No primeiro momento, por força da empolgação de fazer a família feliz, ela até conseguia se envolver; se apaixonava porque o rapaz preenchia os requisitos, mas, quando a paixão passava, ela não conseguia sustentar o amor, porque o parceiro não tinha nada de que ela gostasse, mas sim aquilo que o pai e a mãe queriam. Para chegar a essa conclusão, Beatriz precisou passar por seis namoros com términos dolorosos que acabaram com a saúde emocional dela. Foram muitos começos e fins e muita dor até ela cair na real. Com a ajuda da psicóloga, a jovem fez vários questionamentos sobre seus gostos e conseguiu criar um perfil que lhe faria bem. Obviamente, esse perfil era bem diferente daquele que os pais aprovariam.

Só após "quebrar" o coração várias vezes foi que ela realmente decidiu escolher alguém que agradasse seus desejos, e não os dos pais. Eu não a culpo, porque desde adolescente ela sempre ouviu os avós e os pais falando do tipo de homens com os quais ela deveria se envolver e namorar e dos critérios que esses possíveis candidatos precisariam preencher. Entende a importância de se ouvir? A melhor libertação que existe é você saber quais são os seus desejos e não escolher alguém para alimentar o ego dos seus pais ou familiares.

Liberte-se das crenças limitantes que lhe foram impostas na infância e na adolescência. Carregue com você tudo de bom que seus pais lhe ensinaram, porque foi o que eles conseguiram oferecer. O que for ruim ou crença limitante, você deixa para trás. Talvez hoje a sua maior dor seja a falta de se ouvir, de se reconhecer e saber quais são os seus desejos e limitações. Você não merece ficar numa relação em que não há mais um casal só porque vocês estão agradando ao público. Acenda essa luz que há dentro de você. Não estou querendo dizer que o caminho é simples e fácil, longe disso, mas é possível e está ao alcance de nossas mãos.

O caminho para encontrar forças e desistir dessa relação que não te faz bem está justamente nas respostas para as perguntas que fiz. Desde pequenos criamos hábitos que se tornam memórias e padrões dentro de nós. No caso de Beatriz, ela saía de um relacionamento e entrava em outro muito parecido porque estava repetindo padrões que, repito, não a agradavam, mas ela também não enxergava o porquê. As crenças e os ensinamentos são cristalizados dentro da gente, e isso é horrível.

Ao se observar e tentar mudar os padrões, você para de reforçar costumes que não te fazem bem e que não são seus, e sim de outras pessoas. Aquele padrão só foi repassado e instalado dentro de você. Quando conseguimos nos olhar, ouvir nossos pensamentos e tomar posse deles, conseguimos tomar decisões mais conscientes e não no automático que o padrão repetitivo nos impõe. Você ouve e sente a sua intuição como ela realmente é, e não sob a ótica de crenças passadas.

Pense que delícia é se ouvir e poder confiar nas suas próximas decisões. E se elas forem tomadas de acordo com os seus desejos reais e não com desejos mascarados, automaticamente você vai mudando hábitos, se libertando de padrões e criando a sua verdadeira personalidade, a que você escolheu para si, e não a que lhe ensinaram. Aceite a sua verdade, quem você é, e respeite os seus desejos. Se assim o fizer, suas decisões serão sábias e levarão você para caminhos mais iluminados.

É hora de pedir ajuda

Saber reconhecer os nossos próprios limites é algo muito importante e grandioso na vida de qualquer ser humano, mas, na vida de quem acabou de sair de um relacionamento amoroso, se torna algo vital. Muitos não conseguem se abrir com os outros, seja por uma postura pessoal, seja por alguma rigidez psicológica: a pessoa não consegue contar o que está sentindo, se está sofrendo, os medos e angústias. Quem não se abre em um momento difícil como esse pode mergulhar na própria tristeza e se afogar.

Entendo que para alguns não é fácil dizer o que estão sentindo, mas se fazer de forte não vai resolver o problema; pelo contrário, pode te deixar com cicatrizes ainda mais marcantes. Nessas horas, é bom sempre ter aquele amigo de confiança, um familiar gente boa ou qualquer tipo de companhia que faça você se sentir você mesmo. É preciso abrir as portas do coração e das emoções e colocar para fora tudo o que está sentindo.

Chega de ser forte! Você precisa ser humano. Não há problema algum em chorar, transbordar emoções e colocar de uma vez por todas para fora tudo o que está passando aí dentro. Falar a verdade e o que sente é terapêutico. Conforme vamos falando, automaticamente ressignificamos o que aconteceu e vamos entendendo aos poucos que, às vezes, dependendo do caso, esse momento de tristeza e sofrimento era necessário.

A ideia de que o relacionamento precisa durar para sempre nos deixa pesados, e, quando ele não dá certo, a carga fica ainda maior. Mas olhe, não tenha medo nem vergonha de pedir ajuda para uma pessoa mais próxima. Talvez seja a hora de você tirar essa imagem de que você é aquela pessoa bem resolvida, que não sofre, que já passou por coisas piores etc. Pare com isso! Cada pessoa e cada relacionamento nos atingem de forma diferente, e isso não tem relação nenhuma com o tempo de namoro ou casamento.

**CHEGA DE SER FORTE!
VOCÊ PRECISA SER HUMANO.
NÃO HÁ PROBLEMA ALGUM EM CHORAR,
TRANSBORDAR EMOÇÕES E COLOCAR
DE UMA VEZ POR TODAS PARA
FORA TUDO O QUE ESTÁ
PASSANDO
AÍ DENTRO.**

Existem pessoas que vivem juntas por dez anos, se separam e conseguem seguir rumos diferentes rapidamente, mas existem namoros de um ano em que ambos não conseguem superar tão cedo, porque fica aquele sentimento de que poderia ter sido diferente ou de que poderia ter dado certo. Alguns fatores, como o medo de ficar sozinho, a quebra de rotina, o vínculo afetivo, expectativas e julgamentos das pessoas mais próximas nos causam uma tristeza muito grande que nem sempre conseguimos ressignificar. E se isso acontecer – você não conseguir ressignificar –, esse sentimento estranho e mal resolvido entre vocês poderá ser motivo de desordens psicológicas.

Se você tiver esse tipo de dificuldade, busque imediatamente um psicólogo para fazer terapia. O contato cara a cara com esse profissional é muito importante para que possamos mostrar onde dói e ouvir um especialista nessa ciência – a psicologia – que não conhece sua história. Isso faz com que o terapeuta não seja tendencioso. A função do psicólogo jamais será julgar um paciente, mas sim ajudá-lo a sair do fundo do poço. O psicólogo é o profissional que vai te ouvir, te acolher e te ajudar a ver alegria nos pequenos detalhes do dia a dia novamente.

Sei que não é fácil dar tchau para quem amamos e seguir a nossa própria vida, mas às vezes é necessário para preservarmos nossa saúde mental. Se eu puder te dar um conselho, é: não sofra em silêncio. Busque um amigo, familiar, terapeuta, alguém, mas coloque tudo para fora. Sua vida é preciosa demais para ficar jogada por aí. Se você optar pela terapia, saiba que não há nada mais poderoso do que se conhecer. O autoconhecimento que conseguimos por meio da terapia nos leva para caminhos incríveis. A vida fica mais leve, nos culpamos menos e entendemos que a vida é movimento.

Preciso confidenciar que eu não sabia lidar com as minhas emoções. Fui deixando a vida me levar e, com o tempo, principalmente após um término doloroso, senti a necessidade de me encontrar e me conhecer melhor. Eu não conhecia a minha mente, meus sentimentos, minhas emoções; vivia como um estranho na minha própria vida. Imagine ser um estranho para si mesmo? Era assim que eu vivia. Nunca havia penetrado camadas mais internas da minha psique e jamais imaginara que algumas emoções precisam ser sentidas, mas que não podemos dar voz para elas. Aprendi fazendo terapia. Comecei há cerca de cinco anos e fiz por uns dois, com o mesmo profissional.

A melhor viagem que fiz na minha vida foi o embarque para dentro da minha mente. Tudo começou pela dor, pela angústia de ter perdido alguém que amava muito. Foram poucos meses de terapia tratando essa dor e esse rompimento. Isso porque, quando percebi que o foco principal era o tratamento do eu, do que eu sentia e fazia, superei rapidamente a perda da pessoa e me tornei um curioso pela minha mente. Eu queria saber sobre os medos que me paralisavam, quais eram as minhas angústias e quais eram as emoções que mais me ajudavam e me atrapalhavam. Eu digo que foi a melhor viagem porque eu simplesmente parei de achar que deveria ser o centro das atenções de outras pessoas. Que sentimento mais infantil eu guardava dentro de mim!

A partir do autoconhecimento, descobri que eu não precisava corresponder às expectativas de ninguém e que, por mais incrível que eu fosse, muitos me conheceriam e me deixariam. A cada sessão de terapia eu ia colocando tudo para fora. A sensação que eu sentia era de que estava jogando no tapete da clínica os meus sentimentos, medos e emoções. A partir disso, eu e a terapeuta começamos a olhar um por um e escolher o que era bom, o que me ajudava a crescer e o que me prejudicava emocionalmente.

    Comecei a perceber a grandeza de ser eu e tive a oportunidade de ser íntimo da minha mente. Gerir as nossas emoções é algo fundamental. Não devemos acreditar em tudo o que a nossa mente nos diz. O cérebro não sabe diferenciar o que é bom do que é ruim para a gente. Ele faz, geralmente, o que é mais confortável. Atualmente eu duvido das ideias que me perturbam, não acredito nelas. Eu as ouço e as acolho, mas nem sempre acredito em tudo o que minha mente diz. Eu me tornei uma pessoa mais ousada, feliz e dona da minha própria história. E olha que a ideia inicialmente era apenas pedir ajuda para a psicóloga, mas acabei descobrindo um universo de possibilidades e coisas boas a partir da gestão das minhas emoções.

    Só para você ter noção do quanto me descobri emocionalmente, durante algumas sessões de terapia percebi que era essa a profissão que eu queria para minha vida. As técnicas me ajudaram tanto que decidi ir em busca desse conhecimento para ajudar outras pessoas. Não deixei a minha carreira de jornalista e comunicador, em que atuo há quinze anos, mas estou iniciando um novo caminho dentro da psicologia. Aonde isso vai me levar? Não imagino e nem quero agora. Para o momento, quero curtir o caminho.

As curvas da vida

Quem foi que aprendeu desde pequeno a lidar com as crises e os fracassos? Se seus pais e professores lhe ensinaram desde criança que os momentos de crise são importantes para o crescimento e amadurecimento, você com certeza é um privilegiado. Geralmente, somos ensinados a produzir, trabalhar, fazer sucesso, dar resultados, crescer profissionalmente e seguir a estrada da vida retinha, sem nenhum obstáculo. Estou errado? Raramente alguém nos ensina a repetir para nós mesmos nos momentos mais difíceis que somos capazes, somos fortes e vamos encarar tudo de frente.

Se desde a infância tivéssemos uma disciplina de psicologia nas escolas com certeza entenderíamos que a estrada da vida tem curvas e que passaremos por momentos difíceis, momentos de dor e situações que vão nos desestruturar e nos pegar de surpresa. Algumas escolas particulares até ensinam algo da psicologia positiva, mas é muito raro. Para entendermos essas curvas da vida, o primeiro passo é olhar para a natureza, que está cheia de ciclos. Existem os ciclos da água, do oxigênio, das árvores, do carbono e muitos outros.

Somos exatamente como a natureza e temos ciclos em nosso corpo. E não estou me referindo somente a ciclos biológicos, como comer, fazer digestão, excretar, renovar células, mas também a ciclos emocionais e psicológicos que necessitam de atenção, compreensão e comprometimento nosso para que sejam ressignificados. Caso contrário, você entra em um novo ciclo e o antigo continua doendo e causando sintomas físicos e psicológicos por muito tempo.

Na psicologia estudamos os ciclos psicossociais que vivemos ao longo da nossa vida. Existem os ciclos da idade, que são infância, adolescência e fase adulta; os ciclos das relações amorosas, que são paquera, namoro, casamento e divórcio; e os ciclos da vida escolar, como pré-escola, ensino médio, vestibular, universidade e profissão, entre tantos outros ciclos de que nossa vida social necessita para continuar. O que precisamos entender é que não conseguimos passar de um ciclo para outro antes do tempo e muito menos sem dor. Nos apegamos aos ciclos e queremos ficar neles, mesmo sabendo que o próximo é ainda melhor. É traumático mudar de ciclo, machuca, nos desestabiliza, dói. Haja emoção para lidar com tantas mudanças e curvas ao longo da nossa estrada.

Geralmente, por razões óbvias, as primeiras curvas da vida doem mais. Com o tempo, vamos sentindo e percebendo que a dor passa, a experiência fica e a vida continua, mas para isso é preciso passar por muitas curvas, crises e dores. Nada é fácil nessa vida, né? Então, por que seria fácil enfrentar as mudanças? A maturidade nos faz perceber que cada ciclo precisa ser vivido em seu período e, quando se encerra, definitivamente tem que ser encerrado. Se você não tira as lições positivas e negativas e entende que aquele fim de fase é importante, automaticamente você arrasta problemas de um ciclo para outro.

Vou dar um exemplo clássico pelo qual provavelmente você está passando ou já passou na vida, que é um término de relacionamento. Quando o namoro ou casamento acaba, precisamos deixar doer, machucar, viver o ciclo da dor para permitir que outro ciclo comece em nossa vida. Se a gente antecipa um ciclo, por exemplo, se logo começa outro namoro, entra no novo ciclo carregado de problemas e emoções do ciclo anterior. Isso vai atrapalhar o ciclo novo? Com certeza. Não digo que seu relacionamento novo não dará certo, longe disso, ele pode dar muito certo; mas você carregará problemas, sentimentos e emoções do ciclo passado por muitos anos se não conseguir colocar um ponto-final de uma vez por todas nele. Poderá se tornar um efeito traumático em sua vida, inclusive.

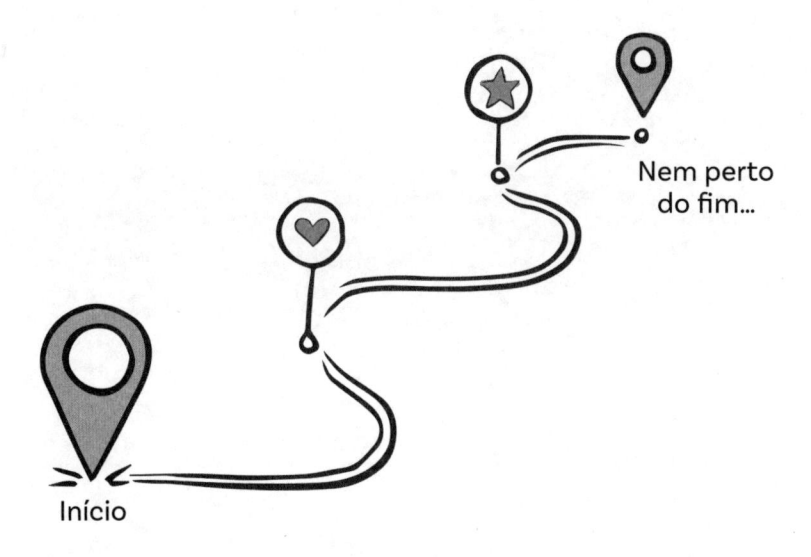

Nem perto do fim...

Início

A maior dificuldade que temos em fechar ciclos é justamente o medo do novo. Dá um medinho sair de algo ao qual já estamos acostumados, que é confortável, para viver algo novo que nem sabemos como será e se dará certo. Então, meu caro amigo leitor, sinta-se abraçado, porque você não está sozinho. Até a natureza passa por ciclos dolorosos. Dói mesmo! Machuca, aperta o coração, causa desespero, mas tudo isso é o medo do novo e o apego ao que foi bom gritando dentro de você. Ah, e saiba que é possível tirar muito proveito de uma crise. Vamos para o próximo capítulo?

O poder dos momentos difíceis

Certa vez um paciente perguntou ao psicólogo: é possível evitar as crises da vida? Consigo fazer algo para não deixar que os momentos de crise cheguem? O psicólogo imediatamente respondeu: Não! Não é possível evitar uma crise. Ela vai chegar a qualquer momento para te mostrar que a vida é incrível e que até mesmo nesses momentos de dor você aprende algo que levará consigo para sempre. A crise é fundamental para te tirar da zona de conforto e te colocar no caminho do crescimento emocional, espiritual e material novamente. Na zona de conforto, nada acontece: você só sobrevive e não vive com abundância.

Imagine uma relação amorosa. Já pensou passar o resto de sua vida com uma pessoa por quem seu coração não pulsa mais acelerado, que na cama não tem mais aquele desejo e com quem as viagens e a rotina não têm a mesma alegria? Já parou para pensar que vidinha mais ou menos você viverá para o resto de sua vida? É para isso que existem as crises, para nos tirar da zona de conforto.

Edgar era um engenheiro civil muito dedicado e querido pelos colegas de trabalho. Ele ficou quinze anos na mesma construtora fazendo seu trabalho com maestria e sendo alvo de inúmeros elogios da empresa. A função dele na construtora era acompanhar a construção de prédios e verificar se os pedreiros e demais prestadores de serviço estavam realizando seus trabalhos de acordo com o projeto. Durante todo o período em que trabalhou na empresa, só teve dois aumentos de salário. Não era um valor ruim, mas poderia ser muito maior. E sabe por que Edgar não procurava outro trabalho? Porque era confortável fazer aquele serviço ao qual já estava acostumado, em um lugar em que era elogiado e que recebia razoavelmente bem. Edgar estava na famosa zona de conforto, onde nada acontece. Na verdade, acontece, mas as coisas só se repetem e não saem do lugar.

Foram muitos anos dedicados à empresa, até que um dia, durante uma mudança de direção e gerentes, Edgar entrou na lista de funcionários demitidos. Sabe por quê? A empresa queria um engenheiro civil mais atualizado, porque Edgar já estava havia muito tempo naquela função. Foi um pesadelo na vida dele. O sentimento de ingratidão tomou conta de Edgar, que chorava dia e noite porque não queria deixar esse ciclo para trás. Ele amava aquela rotina, aqueles amigos de trabalho, a empresa e o salário e não conseguia deixar tudo aquilo. Foram vários meses triste, entregando currículos sem conseguir nenhuma oportunidade.

Edgar foi esperto e procurou a terapia para tentar ressignificar essa demissão e tirar lições positivas dela. Seis meses depois, o engenheiro civil já estava ressignificando a demissão e entendendo que a vida gera essas crises para nos fazer crescer e mudar os rumos. Até que seu telefone tocou. A ligação era da construtora mais desejada pelos engenheiros civis da região dele. Era uma grife da construção civil, e ser engenheiro nessa empresa era tido como um troféu, porque, além de salários acima da média de mercado, o ambiente de trabalho era considerado dos melhores, digno de premiações nacionais.

Edgar quase caiu no chão quando ouviu da gestora de recursos humanos: achamos seu perfil ideal para a nossa empresa, podemos conversar? É claro que ele respondeu que sim e marcaram a conversa. Após alguns minutos de entrevista, Edgar achou que a gestora de RH falaria que em breve entraria em contato, mas não. Ao terminar a entrevista, ela olhou no fundo dos olhos dele e disse: "Você, além de um excelente profissional, se mostra um ser humano diferente, amoroso com as pessoas e atencioso, e esses são os requisitos que mais queremos para essa vaga. Sendo assim, você está contratado".

Edgar não aguentou, levantou da cadeira, deu um abraço muito forte na gestora e agradeceu a oportunidade. Eles deram risada e o engenheiro civil foi correndo para casa contar a novidade para a família. Passados alguns meses, Edgar definitivamente sentiu na pele o poder de uma crise. Foi graças àquele momento difícil que ele mudou totalmente de vida, e para melhor. Na nova empresa o salário era cinco vezes maior, o ambiente de trabalho era muito bom e as perspectivas de crescimento, ainda maiores. Foi um pé na bunda que o levou para uma empresa referência e humana, e graças a isso ele conseguiu proporcionar uma qualidade de vida ainda maior para a família.

A crise nos salva quando a aceitamos e entendemos que, se o ciclo acabou, é porque ele precisava acabar. Agora, quando fugimos das crises ou não as aceitamos, entramos em parafuso emocional e começamos a adoecer. A crise só chega para nos mostrar que algo estava errado e que precisamos enfrentar de frente, com força e fé. Se você fugir dela, morrerá lentamente.

**A CRISE NOS SALVA
QUANDO A ACEITAMOS
E ENTENDEMOS QUE,
SE O CICLO ACABOU,
É PORQUE ELE
PRECISAVA ACABAR.**

O prazer em viver a solitude

Se durante o seu processo de cura você escolher ficar sozinho, com certeza será muito feliz também. É claro que ter alguém do lado para compartilhar o que sentimos ou pensamos, contar com um ombro amigo, ter o conforto da companhia, é muito bom. Mas, olha, quando conseguimos quebrar a parede da vitimização e do medo e começamos a olhar para dentro da gente, o caminho é lindo.

Dentro de nós encontramos exatamente tudo de que precisamos. É que, na correria louca do dia a dia, mal temos tempo de aquietar a mente que vive acelerada. Por isso sempre defendo a prática de meditação, que nos faz desacelerar e encontrar um mundo de coisas legais que está dentro da gente. E nem precisa saber meditar para conseguir esse benefício. Na internet há muitos vídeos de meditação guiada nos quais um guia vai ensinando e te ajudando a relaxar e se ouvir.

A solidão parece ser muito triste, vazia, melancólica, mas nem sempre é. Você já ouviu falar em solitude? Um dos meus escritores favoritos, o historiador e professor Leandro Karnal, sempre fala desse tema em seus livros e redes sociais. Karnal diz que a solidão nos incomoda porque ela questiona aquilo de que gostamos, o que sentimos quando estamos sozinhos.

Quais são os fantasmas que existem dentro da gente no momento de solidão? Posso te garantir que dentro de você existem muitos fantasmas, mas geralmente você não os ouve. A partir do momento em que você consegue ouvi-los, o acolhimento vem e esses fantasmas deixam de ser fantasmas.

A gente geralmente foge de assuntos difíceis, ainda mais se o assunto estiver dentro da gente, da nossa mente. É na pausa que conseguimos nos ouvir e nos sentir. Por isso a solitude é uma virtude de pessoas fortes, esforçadas, que fazem de tudo para crescer e evoluir. Nunca estaremos cem por cento felizes sozinhos, mas nunca estaremos cem por cento felizes acompanhados também. É preciso um equilíbrio que nos treine a fazer coisas sozinhos, como abrir um vinho, ler um livro e transformar nossa própria companhia em solitude, lentamente. Se a sua mente não for treinada para esses momentos, você sempre será um acompanhado sozinho. É nessa balança entre o ser humano individual e o ser humano acompanhado que as relações saudáveis são criadas.

Quando um novo amor me encontrar

Uma nova história vai começar na sua vida do dia para a noite. Anote isso na sua agenda e me procure numa rede social depois para contar. Eu sei que isso vai acontecer. Por mais que nesse momento você não consiga enxergar nem meio palmo à sua frente, por conta da dor do término, saiba que esse momento vai chegar. Os términos são muito dolorosos, mas você já parou para pensar nos começos? Eles são incríveis, não são? E para que você viva e sinta novamente a experiência de um começo, a sua história anterior precisa de um fim.

Pare para pensar nas boas novas que o universo trará até você. E vai ser do dia para a noite, então esteja preparada ou preparado, porque é de repente mesmo. Em um piscar de olhos, você está se permitindo novamente e conversando com alguém que te atraiu. Mas, enquanto esse novo amor não chega, que tal ir se preparando para ele? Não digo se preparar no sentido de vestir uma roupa bonita, se arrumar e ficar na janela esperando a pessoa chegar. Não! Não é isso. Digo preparar-se no sentido de se tornar uma pessoa interessante e ainda mais atraente.

Repare que você sente mais atração por pessoas felizes, bem resolvidas, que sabem o que querem, inteligentes, simpáticas, verdadeiras, entre inúmeras outras qualidades. Que tal se tornar essa pessoa? Faça um curso novo, aprenda a cozinhar ou a tocar um instrumento musical, volte a praticar atividades físicas, arrume-se para sair, agradeça a Deus pela saúde, sinta a novidade que a vida lhe trouxe. Eu sei que às vezes demora para que possamos realmente nos conectar com a nova realidade, mas encare esse momento como uma novidade na sua vida. É tempo de se permitir conhecer o novo.

Quando a dor e a saudade baterem, vá correr em um parque ou pista de caminhada da sua cidade, converse com um amigo, ocupe-se fazendo um curso online de algo de que gosta, como idiomas novos. Seja interessante para você e as pessoas se sentirão atraídas também. Se o término tiver sido por conta de uma traição e você quiser se vingar, não faça isso postando fotos bonitas com rosto de felicidade nas redes sociais para cutucar a pessoa, mas sim sendo feliz de verdade, crescendo emocionalmente, usando a dor como escada para dias melhores.

Para que seu próximo amor seja leve, é necessário que você goste da sua própria companhia, que se sinta feliz em ficar em casa sozinho ou sozinha tomando um vinho e lendo um livro, por exemplo. Cuide de você, priorize-se, valorize-se e abra-se para novas oportunidades. O bacana não é sair procurando alguém por aí, mas sim se cuidar, se tornar alguém interessante. Isso fará com que você se torne uma pessoa mais sedutora. Até sua autoestima vai melhorar, porque todos vão sentir a energia boa dentro de você pelo olhar.

Não se feche por medo de conhecer alguém e não dar certo, por medo de levar um chifre ou de sofrer novamente. Você não precisa disso. Esteja disponível para conhecer novas pessoas, frequentar novos círculos de amizades, e você vai perceber que não precisa procurar: a sua movimentação a seu favor trará novas pessoas aos seus pés. Só que, por favor, desta vez não idealize pessoas que não existem, como já falamos neste livro. Em vez de esperar o príncipe do cavalo branco, aprenda a andar a cavalo sozinha e satisfaça esse desejo. Não espere que alguém vá te salvar no castelo: pule o muro e fuja. Tome as rédeas da sua vida, responsabilize-se pelo que não funcionou, porque estamos aqui para testar, aprender, errar e acertar.

Quanto mais você se mover em direção ao seu encontro, mais se tornará atraente e interessante para as pessoas. Conheça suas emoções e aprenda a usá-las a seu favor, não para gerar ansiedade e pânico. A partir do momento em que nos conhecemos e conversamos com as nossas emoções, aprendemos a nos relacionar com nós mesmos, e isso é mágico. Não há nada como saber o motivo pelo qual você está sentindo raiva, por exemplo. Ao conhecer essa emoção e saber até onde ela vai, passamos a dialogar conosco. E se você conseguir namorar a si mesmo, conseguirá namorar outra pessoa, isso sem contar que a chance de ser mais feliz nesse relacionamento é ainda maior. Questione seus gostos, suas posturas, suas ações; pergunte-se se tomou a decisão mais certa. Ao ter uma boa relação consigo mesmo, você terá uma relação muito saudável com quem estiver no mesmo nível.

O que esperar de uma nova relação

Este é um assunto sobre o qual gosto muito de falar: o que você espera de um novo amor? Já parou para pensar? Uma coisa é certa, eu te garanto: o namoro ou casamento perfeito não existe, e estamos carecas de saber isso. As novelas, os filmes e a mídia de forma geral pregam os relacionamentos como perfeitos. De fato, encontrar alguém especial é mesmo algo surreal e que nos tira do chão, mas não adianta fantasiar, imaginar situações que não existem e não passam de mera ficção.

Todo relacionamento terá problemas, diferenças, atritos e momentos em que cada um precisará do seu próprio silêncio. Mas, então, não existe um relacionamento feliz? Claro que existe. E a felicidade está justamente ligada à forma como enxergamos nossas relações. Se ficarmos criando expectativas irreais de como gostaríamos que o outro nos tratasse, muito provavelmente vamos nos frustrar. Isso porque o outro não é obrigado a viver a vida dele em função das expectativas que eu projeto nele. Imagine que vida medíocre ter que sempre se adaptar ao que o outro quer que eu seja. É impossível ser feliz e fazer a coisa fluir dessa forma.

O psicólogo Edoardo Giusti fala que não existe relação perfeita, mas sim alguns fatores que são determinantes para o sucesso no namoro ou casamento. Ele chegou a pontuar algumas características que os casais que mais dão certo têm. São elas:

- A continuidade de presença – quando os dois mantêm a mesma continuidade e intensidade durante todo o tempo da relação. Não existe fase em que as declarações de amor são exacerbadas e depois param repentinamente de acontecer. Existe constância e tranquilidade.
- A possibilidade sempre aberta de conversar – nesse caso, não é apenas conversar sobre o cotidiano, sobre como foi o dia de cada um, mas sim estar aberto para expressar o que está sentindo, o que incomoda e as emoções. É tratar o parceiro ou parceira como um amigo mesmo e não guardar sentimentos.
- Saber ouvir a voz do outro, saber ler a expressão de seu rosto, os gestos, os subentendidos – essa é uma forma perfeita de saber se o relacionamento anda bem e o que seu parceiro está sentindo. Saber ler os gestos corporais é muito importante para uma boa comunicação não somente nos relacionamentos.
- Um bom contato afetivo que se expresse em uma proximidade efetiva – nesse caso, Edoardo Giusti remete a carinho, atenções concretas, carícias, olhares e tudo o que forma a comunicação afetiva do casal para que ambos se sintam conectados e felizes.
- Empatia – esse é um requisito muito importante para todas as relações, mas em uma relação afetiva é de extrema importância se colocar no lugar do outro

para entender o que ele está sentindo. Dessa forma haverá compreensão.
- Manter vivos interesses em comum – um casal que pensa junto, planeja junto, se respeita e se ouve também cresce junto. É bacana fazer juntos coisas de que os dois gostam. Isso reforça a conexão.
- Uma boa comunicação erótica e sexual – essa conexão vai fazer o casal sentir mais prazer na hora das relações. Uma pessoa que não se sente desejada não consegue se manter em um relacionamento. É do nosso ego, precisamos nos sentir desejados por nossos parceiros e necessitamos fazer com que eles também se sintam únicos e desejados sexualmente.
- O compromisso de viver e crescer juntos. O casal que tem o propósito de ficar junto, independentemente do que aconteça, consegue ter a segurança de crescer entendendo que existem diferenças e que podemos aceitá-las. O respeito à individualidade e à autonomia do outro – um casal que faz absolutamente tudo junto, que compartilha apenas um mesmo grupo de amigos e que tem a mesma rotina está pronto para fracassar a qualquer momento. Ambos precisam ter situações no dia a dia em que ficam sozinhos, como treinar ou praticar esportes, conversar com um amigo, ler um livro a sós, entre outras situações que o casal pode criar para manter a individualidade.
- A reciprocidade de todos esses fatores.

Todos esses pontos foram percebidos pelo psicólogo italiano durante seus atendimentos. A experiência de analisar as relações o fez perceber que esses fatores fazem uma relação funcionar muito bem. É lógico que, antes de praticar, precisamos saber onde estamos pisando. Não dá para tentar colocar em prática esses conselhos com uma pessoa que não está com vontade de ter algo sério, de viver uma vida a dois.

O padre Fábio de Melo sempre fala dessa importância de saber a quem entregaremos nossas pérolas ou joias valiosas. Segundo o padre, nos dias atuais nos apressamos em entregar uma riqueza a quem não sabe cuidar dela. Não devemos jogar pérolas aos porcos, porque não saberão o que fazer com elas. O que ele quer dizer com isso? Que a pressa nos faz abrir as portas da nossa intimidade aos recém-chegados, o nosso amor e entrega aos recém-conhecidos – com exceção dos filhos, que recebem o nosso melhor.

Ao meu redor, vejo muitas pessoas fazendo isso. A pessoa começa a conversar com alguém e, em duas semanas, os dois já estão falando que se amam, compartilhando toda a rotina e, em alguns casos, o outro nem valoriza toda essa entrega. No desespero de amar logo, acabamos entregando demais a quem não tem o dom de cuidar, proteger, amar e respeitar. Por isso, o melhor a fazer é conhecer alguém da mesma forma como degustamos um vinho bom ou uma comida saborosa: aos poucos! Se houver pressa, não haverá degustação. Temos que entender que o amor não é uma corrida de cem metros rasos, em que é preciso entregar todo o seu esforço e a sua dedicação nos primeiros segundos da largada. Não! No amor caminhamos lado a lado, sem pressa e com o desejo de que os dois alcancem juntos o ponto de chegada. Se virar disputa ou joguinho, um dos dois vai perder.

TEMOS QUE ENTENDER QUE
O AMOR NÃO É UMA CORRIDA DE CEM
METROS RASOS, EM QUE É PRECISO
ENTREGAR TODO O SEU ESFORÇO E
A SUA DEDICAÇÃO NOS PRIMEIROS
SEGUNDOS DA LARGADA.
NÃO!
NO AMOR CAMINHAMOS
LADO A LADO, SEM PRESSA E COM
O DESEJO DE QUE OS DOIS
ALCANCEM JUNTOS O PONTO DE
CHEGADA.

Não procrastine!

Quando estamos em sofrimento psíquico, perdemos a disposição para viver. Nosso corpo entra em um estado de cansaço tão grande que não temos força para praticar nenhum tipo de atividade física. Na verdade, energia temos, o que não temos é disposição, por conta de uma "chavezinha" que nosso cérebro ativa, fazendo com que o desânimo tome conta de nossa vida. É aí que entra a procrastinação. Já ouviu falar?

Segundo o dicionário Aurélio, procrastinar é deixar para o outro dia ou para depois, adiar, delongar e postergar. Deu para entender o mecanismo que o nosso cérebro utiliza para fazer com que fiquemos deitados no sofá, né? Mas você não pode e não deve obedecer ao seu cérebro: precisa levantar do sofá e ir correr, caminhar, nadar, andar de bicicleta, praticar algum esporte, se mexer. E se mexer muito! Nesse momento, o seu cérebro não sabe o que é bom para você e só quer que você repouse para tentar organizar as ideias, mas não é disso que você precisa. É hora de suar a camisa e acabar com essa sensação de que não tem mais energia.

Sentiu vontade de ficar deitado no sofá? Vire a chave e vá caminhar exaustivamente até suar. Se for uma corrida, melhor ainda. É preciso suar, tá? O nosso cérebro é um órgão tão fantástico que, quando estamos em sofrimento psíquico, a sensação que ele gera na gente é o desejo de comer carboidratos, porque ele precisa do açúcar e da sensação de bem-estar e recompensa – a qual conquistamos também com atividade física. Mas, na verdade, tudo o que você precisa para ficar bem é eliminar o açúcar do seu corpo. É aí que ficamos em casa, nos enclausuramos e começamos a comer desesperadamente. Por isso, ficamos tristes.

Nosso corpo está cheio de açúcar e carboidratos, e precisamos virar essa chave para praticar alguma atividade física. É hora de oxigenar o corpo, gerar energia boa, proatividade, não de sentar, deitar, se isolar e se entregar para o sofrimento. Isso não combina com você! É hora de se mexer e não se entregar ao sofrimento psíquico. Durante uma atividade física em que suamos, nosso corpo produz um hormônio chamado endorfina, que gera automaticamente uma sensação de bem-estar, vitalidade e recompensa, exatamente a mesma sensação que o cérebro pede nos momentos de sofrimento e nos faz recorrer ao açúcar, que depois nos faz mal.

A endorfina, além de nos fazer bem imediatamente após o suor, continua agindo por várias horas no organismo, nos ajudando psicologicamente. Já o açúcar gera sensação de tristeza, porque começamos a nos culpar por ter comido tanto. Entende por que quero que você vire essa chave hoje mesmo? Ao sentir vontade excessiva de comer carboidrato por conta de um sofrimento psíquico, lembre-se do que estou falando. Corra, caminhe, mexa-se. O resultado será recompensador. Até mesmo porque a procrastinação pode se tornar uma rotina quando damos voz e poder a ela.

Existem muitos casos de pessoas que, quando estão sobrecarregadas, não conseguem desenrolar suas atividades e vão deixando tudo para a última hora. No longo prazo, isso se torna crônico e precisa, inclusive, de tratamento com um profissional da saúde mental. Segundo a psicologia, a procrastinação pode se iniciar a partir do medo, de traumas que a pessoa viveu ou até mesmo da insegurança com ela mesma ou com o futuro. É um misto de sentimentos negativos que ganham espaço em nossa mente e vida e acabam nos atrapalhando no desenrolar das atividades.

Não precisamos chegar a esse nível de problemas psíquicos durante um término. Se você está lendo este livro e passar por algo parecido, com certeza vai se lembrar de que o que o seu corpo mais quer nesse momento de sofrimento psíquico é procrastinar. Jogue-se na vida, nas atividades físicas, e não no sofá ou na cama. Deixe para descansar e relaxar quando chegar em casa exausto de uma atividade física. Será a melhor sensação que você poderá causar a si mesmo nesse momento difícil. Faça, mesmo sem vontade, que aos poucos seu corpo se acostuma com essa sensação gostosa de prazer e você consegue de uma vez por todas virar a chave e enfrentar esse novo desafio de frente e com as "baterias" carregadas dos hormônios necessários.

Uma pílula poderosa

Quando o sofrimento invade nosso corpo, a sensação é de que não conseguiremos dar conta de superar a dor e seguir em frente. Eu sempre fui muito curioso com relação a esses assuntos de superação de términos e, durante uma sessão de terapia, fiz algumas perguntas para minha psicóloga. Eu estava em acompanhamento porque havia acabado de sair de uma relação que não havia me feito muito bem e estava em busca de respostas. O que perguntei para ela naquele momento foi o que as pessoas que estavam em sofrimento diziam a ela após passarem por esses momentos difíceis.

Eu queria saber o que as pessoas fazem para se libertar de seus antigos relacionamentos e da dor, que geralmente temos vontade de arrancar com as mãos. Ela foi muito objetiva na resposta e disse: "terapia, meditação e esportes". Na hora fiquei pensando que terapia eu já fazia e de esporte eu já praticava *beach tennis*; o que me faltava era a tal da meditação. Eu já havia tentado meditar inúmeras vezes, mas sem sucesso. Eu não conseguia me concentrar. Agradeci a ela por ter me respondido e prometi que a partir daquele momento eu começaria uma busca pela meditação.

Chegando em casa, corri para a internet para pesquisar a respeito e descobri que uma boa forma de conseguir aprender a meditar é praticando ioga. Ah, mas não deu outra. Liguei para vários professores de ioga e agendei algumas aulas experimentais até encontrar alguém que tivesse a ver comigo e cuja didática eu achasse que funcionaria. Me inscrevi num grupo e iniciei imediatamente as aulas de ioga em um parque da minha cidade. Era tudo ao ar livre.

Confesso que nas primeiras aulas fiquei muito perdido, porque não conseguia acompanhar os movimentos. Meu corpo é muito travado e não tinha flexibilidade suficiente para fazer algumas posições. Fiz o que dava para ser feito e já na primeira aula saí do parque com o coração mais leve e cheio de esperanças de que aquela prática realmente poderia me ajudar. A sensação na primeira aula era de que eu havia chegado ao parque muito ansioso, acelerado, agitado, e ao ir embora a sensação era outra, pois eu estava calmo, leve, tranquilo e até minha voz estava mais suave.

Eu realmente consegui desacelerar na primeira aula, algo que é raro nos dias de hoje. Estamos cada vez mais atolados em tarefas, deveres, obrigações e cobranças, e dar conta de tudo é muito estressante. O primeiro contato foi muito bom e continuei. Com o passar das semanas, fui percebendo que coisas que antes não faziam muito sentido começaram a fazer. Eu sempre amanhecia com um frio na barriga, como se o dia estivesse me cobrando algo. Não era algo legal, não. Era um sintoma de ansiedade ruim, e não aquela ansiedade boa, como quando estamos ansiosos para receber alguém, para viajar etc. Era uma ansiedade que tirava minhas forças e minha vontade de continuar.

A tristeza que eu sentia logo pela manhã minava os meus sonhos e capacidades, e durante um tempo eu fui deixando que ela fizesse isso. Com a ioga e a meditação, fui percebendo que essa sensação ruim tinha me deixado de lado, e eu nem meditando direito estava. Após cerca de dois meses praticando ioga e me desafiando na meditação nas aulas e em casa, realmente comecei a sentir os verdadeiros benefícios dessa técnica incrível. Ao cruzar minhas pernas, me colocar num local silencioso e começar a ouvir os pensamentos que vinham à minha mente, eu comecei a me sentir mais aliviado e relaxado. Eu deixava todos os pensamentos chegarem até o meu consciente e os ouvia, sem questionar. Apenas ouvia e agradecia. Gente, é sério. Esse é o exercício mais poderoso que eu já conheci para melhorar a ansiedade.

Este livro, inclusive, só existe graças à meditação. Foi meditando que muitas ideias foram surgindo e os capítulos foram ganhando forma. A sensação que eu tinha toda vez que meditava era de que um pouco da história ruim que havia vivido estava ficando para trás. Os pensamentos chegavam a mim e eu conversava com eles, agradecia e ia ressignificando cada história que estava até então mal resolvida dentro de mim.

Não é fácil se desligar um pouco e meditar. Estamos cada vez mais atarefados e, às vezes, conseguir alguns minutos do dia parece algo quase impossível, mas me esforcei, me dediquei e consegui atingir resultados satisfatórios com essa técnica milenar. Nossa mente está cheia de agitações diárias, e isso é muito bom porque significa que estamos vivos. O fato é que precisamos de alguns minutos de pausa para ter uma boa saúde mental, e é isso que não fazemos atualmente. Se conseguirmos tirar, pelo menos, dez minutos do nosso dia para meditar, com certeza teremos um dia com mais qualidade.

Eu descobri que para conseguir meditar é preciso treinar. É preciso ter muita paciência, e eu recomendo começar com pouco tempo, cerca de cinco minutos, ao acordar. Vou te fazer um desafio: todos os dias, assim que acordar, não pegue o celular. Levante, espreguice-se e vá para o lugar mais confortável da sua casa. Sinta os passos que você está dando e, antes de se aconchegar, vá até a cozinha e passe um café. Sinta o som da água fervendo, do café sendo atingido pelo calor, o cheiro subindo e entrando em suas narinas. Após passar o café, sente-se no canto mais confortável da sua casa e deguste seu café prestando atenção na sua respiração. Só faça isso, preste atenção na respiração. Mais nada! Faça isso por cinco minutos. Pronto! Você meditou.

Apenas percebendo a respiração você já está treinando a meditação. A Monja Coen sempre diz que a meditação nos faz ver a essência do nosso ser. A gente se descobre a partir dessa prática. Conseguimos nos sentir, nos observar e evoluir acessando outras áreas da nossa mente, e quando isso acontece começamos a contemplar o hoje e perceber que o hoje é o momento mais importante.

Se seu relacionamento acabou e está doendo, a dor é importante para que você consiga sentir seu corpo e perceber o que precisa ser feito para sair dessa, ou seja, o hoje é o momento mais importante. Não importa o quanto está sendo difícil o hoje, ele sempre será mais importante porque é o hoje. A partir do momento em que conseguimos perceber isso e nos ouvir, boa parte da nossa dor começa a cair por terra e nos deixar. Vamos ressignificando os fatos e percebendo que aquilo pode ser útil para nos fortalecer. Lógico que são casos e casos, mas, independentemente do que tiver acontecido com você, você poderá tirar algo positivo disso. Com a prática meditativa, veio também a curiosidade de entender um pouco mais sobre o budismo. A Monja Coen é minha inspiração. Meu sonho é um dia ser calmo e sereno como ela, até no tom de voz.

Ao buscar as referências do budismo, descobri que muitos ensinamentos budistas fazem todo o sentido, porque nós mesmos é que instalamos o caos em nossa vida e em nossa mente. Você é daquele tipo que quer controlar absolutamente tudo na sua vida? Um dos motivos pelos quais os seres humanos sofrem é exatamente querer tudo na palma da mão e do jeito que achamos que tem que ser. Aprendi isso com o budismo. Queremos controlar os nossos parceiros, amigos, pais e até mesmo o nosso corpo.

Já parou para pensar que não controlamos nossos pensamentos? E que também não controlamos a natureza? Tudo acontece exatamente da forma como tem que acontecer, e todas as vezes que tentamos controlar acabamos nos frustrando e gerando ansiedades e dores. Outros motivos pelos quais sofremos muito são não nos aceitar como somos agora e não conseguir viver o momento presente. A partir do momento em que você não aceita sua condição atual, automaticamente já está gerando sofrimento.

Vamos supor que você tenha se separado de uma pessoa a quem amava muito e que você não gostaria que o relacionamento tivesse chegado a esse ponto. Se a sua mente aceitar que essa história foi linda, que aconteceu como tinha que acontecer mas que infelizmente chegou ao fim e que foi melhor assim, os sentimentos produzidos pelo seu corpo serão bons. Você vai enxergar a esperança adiante. Agora, se a sua mente produzir pensamentos de que não aceita esse término, de que não era para ter sido assim, de que o universo está sendo injusto com você, automaticamente você vai se vitimizar, e, na condição de vítima, você se coloca à disposição do sofrimento.

Existem términos e términos, por milhares de motivos, e, dependendo do que aconteceu, você realmente pode ter sido a vítima. No entanto, se com o passar do tempo você conseguir aceitar essa fase nova, a condição de vítima ficará para trás e o sofrimento também ficará lá. Conseguiu compreender? Aceitar o momento, mesmo que ele doa muito, é a forma mais inteligente de lidar com a dor. Viver no momento presente também é algo muito difícil, mas possível.

A cada nova atividade que realizamos, se repararmos bem, nem sempre estamos totalmente focados nela. Quando você vai tomar banho depois de um dia corrido de trabalho e estudos, você realmente toma banho ou, no momento da ducha, fica pensando no que vai fazer após sair do banho, fica remoendo algo que aconteceu ao longo do dia ou ainda morrendo de preocupação com o dia seguinte?

O banho é um bom lugar para sentirmos os efeitos reais do viver o agora. No seu próximo banho, experimente ligar o chuveiro e sentir de verdade a água passar pela sua cabeça, escorrer pelo seu corpo, escorregar pelos pés e ir embora. A ideia é sentir mesmo as gotas tocando a pele. Se vier algum pensamento ruim ou algum problema do dia, agradeça ao pensamento e volte a pensar na água correndo pelo seu corpo. Ao se ensaboar e lavar o cabelo, faça a mesma prática. Sinta o produto na cabeça. É o melhor momento para você observar se está vivendo no momento presente, sentindo tudo o que está fazendo, ou se a sua mente está sempre pensando na frente ou no que já passou.

Não viver o presente também nos traz sofrimentos, assim como os términos dolorosos. Eu aprendi com a meditação e com o budismo que, se eu quiser ser mais forte e viver melhor, preciso agora tomar as rédeas do meu presente, aceitá-lo como é e deixar o passado como referência para as decisões futuras e não como um fantasma que me traz medo e tremedeira. Depois que experimentei esse remédio chamado meditação, nunca mais larguei. Todos os dias eu medito. Se tiver faltado tempo na agenda, durante o banho eu presto atenção na água caindo sobre mim, sinto essa água passando pelo meu corpo e já consigo me colocar no momento presente, que é uma forma de meditação, lógico que bem menos completa.

Meditar se tornou uma pílula que carrego comigo. Ah, e tento sempre converter meus amigos e as pessoas ao redor para a meditação. Geralmente, no início, eles pensam em um monge no topo de uma montanha meditando [risos]. E aí, quando explico como é e que existem formas mais simples de meditar e nos colocar no momento atual, todos ficam impressionados. O maior mal de quem saiu de um relacionamento é sentir muito medo e ansiedade. Essa prática atinge diretamente esses dois pontos e nos leva para a cura da dor. É uma pílula muito mais poderosa que muitos remédios que existem por aí e sem efeitos colaterais. Quer superar o seu ex? Se eu puder te dar uma dica preciosa que ajudou centenas de pacientes da minha terapeuta é: medite!

JÁ PAROU PARA PENSAR
QUE NÃO CONTROLAMOS
NOSSOS PENSAMENTOS?
E QUE TAMBÉM NÃO CONTROLAMOS
A NATUREZA?
TUDO ACONTECE EXATAMENTE
DA FORMA COMO TEM QUE ACONTECER,
E TODAS AS VEZES QUE TENTAMOS
CONTROLAR ACABAMOS NOS
FRUSTRANDO E GERANDO
ANSIEDADES E DORES.

Uma viagem me fez voar

Eu nunca fui aquela pessoa que ama viajar sozinha. Sempre tive receio de programar uma viagem sem companhia. Todas as vezes em que pensava nessa possibilidade, automaticamente me surgia o medo de faltar algo ou de me sentir muito sozinho e triste durante a viagem. O que eu nunca tinha parado para pensar era que a viagem seria comigo mesmo. Se eu não gostar da minha própria companhia, como alguém vai gostar?

O universo é tão perfeito que às vezes acontece alguma coisa em nossa vida e achamos que aquilo é muito ruim, porque é a avaliação que fazemos naquele momento, mas na verdade pode ser um livramento ou uma porta para o novo se abrindo na nossa frente. É preciso um pouco de sensibilidade para olhar o contexto e ver que a oportunidade está batendo ali e justamente no momento mais difícil. Foi assim que aconteceu comigo. Após sete anos de namoro, a vida me surpreendeu como eu nunca havia imaginado.

Era um relacionamento muito bom. Todos os dias, quando acordava, tinha certeza de que aquela pessoa havia nascido para mim e de que passaríamos o resto da vida juntos. Que inocente eu, né, achar que ninguém pode errar durante o relacionamento e colocar tudo a perder. Somos humanos e erramos. O problema é que alguns erros são irreversíveis, porque deixam mágoas, abalam a autoestima e colocam nossa saúde emocional ladeira abaixo. Todos temos o direito de errar, mas temos o dever de sempre falar a verdade, porque acredito e defendo que a verdade liberta.

No caso desse relacionamento que vivi, uma traição colocou um ponto-final na história. Não foi da minha parte, não porque eu não poderia errar, mas porque levo meus relacionamentos bem a sério, e a chance de isso acontecer seria mínima, até porque não alimento os leões que aparecem por aí tentando destruir relações. Você pode imaginar o quanto fiquei furioso na época e o quanto isso mexeu comigo emocionalmente, sobretudo porque, naquele momento de ruptura, não me contaram a verdade. Pelo contrário, o término teria ocorrido porque eu era uma pessoa muito difícil de lidar, porque cuidava demais da vida do outro, porque eu me preocupava muito com a pessoa, porque eu era muito intenso e tantos outros motivos que ouvi durante o término mais estranho que já vivi.

Na hora eu absorvi tudo isso e por um tempo até acreditei que eu pudesse ser mesmo essa pessoa que me venderam, mas quando descobri os reais motivos do término me libertei de todas as palavras e padrões em que tentaram me encaixar e comecei a acordar. Por isso, defendo que as pessoas falem a verdade, porque somente a verdade pode libertar as partes da relação.

Eu me libertei, mas muitos continuam presos em términos anos e anos após o fim do relacionamento, porque não sabem o que realmente aconteceu. Outros até tiram a própria vida porque não conseguem lidar com o fim inesperado. Ninguém é obrigado a ficar com ninguém para sempre, mas falar a verdade é algo que deveria ser básico do ser humano. O fato é que, quando isso acontece, somos lançados no que chamo de precipício do término amoroso, e é aí que precisamos nos esforçar para crescer e aprender algo com essa bagunça toda. Caso contrário, vamos nos esborrachar no chão, o que geralmente acontece com quem não se ajuda nesse processo.

No auge do meu luto após o término, passados uns três meses de muita dor e sofrimento, estava eu lidando com as expectativas frustradas, o sentimento de rejeição e todas as bobagens que ouvi da pessoa na época, quando me veio a ideia de comprar uma passagem aérea para o Rio de Janeiro. Eu tinha três dias de folga e não sabia o que poderia fazer com esse benefício. Amo o Rio de Janeiro, então pensei: *Por que não me dar esse presente?* Logo em seguida minha mente foi invadida por uma enxurrada de pensamentos negativos do tipo: *O que você vai fazer no Rio sozinho? Vai ser muito triste ficar lá todos esses dias sem ninguém. E se bater o desespero? Com quem você vai sair à noite? Com quem vai à praia?*

Num primeiro momento, eu realmente acreditei que poderia ser uma droga ficar esses dias sozinho numa cidade com praia, festas e muita agitação, mas como amo ouvir a opinião dos outros, fui buscar vídeos na internet de pessoas que viajam sozinhas. Quando comecei a conhecer as histórias, me veio um brilho no olhar e um desejo enorme de quebrar essa crença de que seria chato viajar sozinho e de embarcar nessa aventura. Não comprei as passagens de imediato, mas, passada uma semana, bateu a coragem e emiti os bilhetes aéreos.

Escolhi um hotel bem bonito à beira-mar na Barra da Tijuca. Seria minha primeira viagem sozinho, e não pense que foi simples me acostumar com a ideia de não ter uma companhia nesse passeio. Contei para alguns amigos e todos me apoiaram. Alguns, cancerianos como eu, disseram que eu era louco e que a tristeza iria bater com certeza, mas eu retrucava e dizia: "Melhor três dias na praia sozinho do que três dias fechado dentro de casa sozinho". Concorda? E assim foi. Os dias iam passando e a cada hora minha aflição ficava ainda maior, mas eu mesmo me acalmava e pensava que seria uma experiência nova e diferente de tudo o que eu já havia vivido.

Imagine tomar uma decisão dessas somente três meses após um término doloroso? E o pior, para bagunçar ainda mais minhas emoções, o ser humano estava com outro e ainda corria atrás de mim tentando reatar o relacionamento. Eu amava, mas não queria mais, e graças a Deus não voltei, porque teria sido muito destrutivo emocionalmente. Passados alguns dias, a tão sonhada folga chegou, e com ela a viagem sozinho ao Rio de Janeiro. Quando cheguei ao aeroporto da minha cidade, meu coração disparou. Todos aqueles pensamentos negativos voltaram à mente e o medo tentava me diminuir dizendo que seria muito triste passar esses dias sem ninguém no Rio.

Mas eu os ignorei, coloquei meu fone de ouvido, dei *play* nas minhas músicas cariocas preferidas e fui curtindo o voo. Prometi para mim mesmo que iria curtir cada segundo e observar tudo. Me coloquei numa situação de experimento para me conhecer e ver como era minha companhia, já que haviam me falado que não era tão boa. Durante o voo, uma senhora muito educada começou a puxar assunto, mesmo percebendo que eu estava com o fone de ouvido. Achei o máximo ela me chamar para conversar, acho que eu precisava desse acolhimento naquele momento. Retirei os fones e respondi atentamente ao que ela me perguntava.

A primeira pergunta que ela fez foi justamente do que eu mais gostava no Rio de Janeiro, já que esse era o nosso destino. Eu disse que amava as praias e a boa vontade do carioca para conversar, ser gente boa e receptivo. Não contente, ela me perguntou por que eu estava indo, se era a trabalho ou a passeio. Respondi que era a passeio e que estava indo para descansar uns dias. A pergunta mais temida veio em segundos: "Mas você está indo sozinho ou vai encontrar alguém lá?". Na hora confesso que me deu um nó na garganta e fiquei alguns segundos calado. Era a primeira vez que estava lidando com esse assunto, que para mim era bem difícil na época.

Ela percebeu meu nervosismo e, mesmo suando frio, respondi que estava indo sozinho para sentir como é viajar sem uma companhia. A senhora abriu um sorriso gigante, algo tão sincero e fofo que não sei como descrever, e disse: "É genial fazer isso tão jovem. Eu demorei para aprender que poderia curtir minha vida sozinha, sem filhos e sem marido. Só depois de um pé na bunda aprendi que tenho que saber fazer as coisas sozinha". Eu juro que todos os fios de cabelo que existem no meu corpo ficaram arrepiados naquele momento. E, claro, dei risada da expressão "pé na bunda" que ela usou. Rimos juntos, na verdade.

Eu perguntei se ela também estava indo sozinha e a resposta foi que daquela vez não, porque algumas amigas a esperavam no Rio, mas que em outras oportunidades já havia viajado sozinha. Foi o voo mais gostoso da minha vida, porque tive o privilégio de ouvir uma história muito bonita de uma senhora que foi deixada pelo marido após trinta anos de casamento e que, mesmo com a idade avançada, teve a maturidade de se encarar, viver experiências sozinha e dar a volta por cima. Já o ex-marido dela se enfiou no álcool após alguns anos, porque a amante o deixou sem nenhum tostão e arrumou outro parceiro.

Naquele momento percebi que o universo estava conspirando a meu favor, e quando o avião pousou no Aeroporto

Santos Dumont já desci sorridente e louco para conhecer outras pessoas. Nos despedimos com um abraço no saguão do aeroporto e fui para o hotel. Mesmo com o show de lição que tive dentro do avião, a insegurança ainda batia. No hotel, coloquei uma bermuda e uma regata, passei protetor solar e fui curtir os quase quarenta graus cariocas. No primeiro momento, não quis ir à praia, porque ainda estava um pouco tímido, mas fui para a piscina do hotel, que por sinal tinha vista panorâmica para a Barra da Tijuca. Pedi um drink, deitei na cadeira de sol e comecei a sentir uma sensação tão boa de tranquilidade, de paz, que até cochilei após alguns drinks.

Deitado na cadeira, ouvi com intensidade as ondas do mar, as famílias brincando, casais nadando, se beijando, enfim, pessoas se divertindo de todas as formas. Internamente eu me questionava por que só eu não tinha outra pessoa ali naquela piscina, mas ia trabalhando na mente que era algo que serviria de experiência e aprendizado. Viver esse momento me fez perceber que eu não precisava ter alguém ao meu lado para curtir uma cidade linda como o Rio de Janeiro. Eu poderia me levar à piscina, tomar um drink, ligar para um amigo distante, atualizar a rede social e curtir aquela manhã gostosa. Isso me fez entender que minha alegria não pode e não deve depender de outra pessoa.

A vida é uma só, e ela passa rapidamente. Então, por que perder tempo esperando uma pessoa especial chegar se eu posso curtir o caminho agora? E assim eu ia me consolando nessa viagem. Na hora do almoço, pedi um táxi e fui para um shopping gigante na Barra da Tijuca. Naquela época ainda não existiam aplicativos de transporte. Almocei sozinho e depois fui passear nas lojas. Me presenteei com uma sunga nova e, quando voltei, rapidamente fui para a areia exibir minha aquisição.

Após alguns meses jogado na sarjeta, eu nem imaginava que alguém poderia me admirar de novo. Só quem é intenso sabe do que estou falando. A gente foca tanto no término que parece que ninguém nunca mais vai nos querer, se interessar por nós ou nos convidar para sair. Percebi que esse sentimento é uma grande bobagem quando cheguei às areias de Ipanema com minha sunga nova. Sim, resolvi mudar de praia. Fui de táxi até Ipanema, peguei uma cerveja, aluguei uma cadeira de praia, um guarda-sol, montei meu cantinho e me joguei no mar gelado do Rio de Janeiro.

Estava vivendo um momento único na minha vida. Era o meu momento. Pulei muitas ondas, mergulhei, deitei na beira da praia na areia mesmo e senti o mar me tocar e voltar. Ele vinha e voltava, e a cada movimento eu pensava no quanto isso tem muito a ver com a nossa vida. As pessoas vêm, nos tocam e vão embora: esse é o movimento da vida. Cada ser humano que permitimos entrar em nossa vida tem algo a nos ensinar. Alguns ensinam o que não se deve fazer com ninguém, e mesmo esses têm sempre algo de positivo para nos passar. Voltei para a cadeira de praia para tomar sol.

Que sensação maravilhosa sentir o sol energizando meu corpo. Isso me deu uma força tão tremenda que não consigo explicar aqui. Eu pensava o tempo todo nisso e no quanto estava sendo gostoso me permitir viver esses momentos sozinho. Eu tinha medo só de pensar em viajar sozinho, e ali estava eu me provando que sou muito maior que os meus medos. Eu sentia que o universo queria me transformar em um ser humano mais forte e agarrei a dor do término e daquele momento como uma oportunidade para crescer e evoluir. Era como se eu estivesse construindo, sem saber, uma nova versão minha. Uma versão aberta para novos desafios, que não tem medo de tentar, que consegue encarar as emoções e se curar.

Comecei naquele momento a celebrar a minha força. Pedi outra cerveja e internamente brindei comigo mesmo a minha resiliência. Por dentro eu sentia que um novo capítulo estava começando. O mais bacana disso tudo é que na praia ninguém ficou me observando. Um ser humano ou outro me encarou e deu aquela olhada, mas no geral as pessoas não perceberam que eu estava sozinho. Acho que tinha tanta gente naquela praia que nem sequer notaram que eu não tinha ninguém do meu lado.

Fiquei pensando nisso depois. Talvez, se eu estivesse triste, para baixo, angustiado, tivessem me notado, mas, embora por dentro eu estivesse destruído, por fora estava feliz e buscando provar para mim mesmo que posso e consigo enfrentar meus medos e crescer. No fim da tarde, voltei para o hotel feliz e tomei uma ducha quente bem longa. Durante esse banho, pensei no quanto estava sendo gostoso viver aquilo e em quanto uma simples viagem estava abrindo as portas para que eu pudesse superar um término doloroso. Parece algo simples, mas só eu sei o quanto foi extremamente importante ter esse momento comigo, onde ninguém me conhecia e não poderia me distrair, me levar para algum lugar para tentar me ocupar.

Não, ali eu precisava me encarar, precisava me levar para jantar, para tomar banho de mar. Era eu e eu e mais ninguém. Foram vários meses me ocupando em casas de amigos e familiares, praticando atividades físicas, indo a shoppings, mas sempre com alguém. Foram momentos e processos importantes também, mas a viagem foi um divisor de águas. À noite eu até pensei em ir para um barzinho sozinho, mas não sou muito de sair. Sou muito caseiro. Sabe o que fiz? Abri um vinho, peguei um livro do Augusto Cury, sentei na poltrona do quarto e mergulhei na leitura. Eu viajei nas páginas. Me entreguei à leitura de uma forma tão intensa que quando percebi já era quase meia-noite.

    Acho que a vista para o mar da Barra da Tijuca me inspirou a ficar naquela janela do quarto sentado de forma bem aconchegante e lendo. Isso em um sábado à noite. Enquanto muitos estavam em baladas, bares e restaurantes, eu estava ali lendo e sem perceber curtindo minha própria companhia. Na hora eu nem parei para pensar, mas depois percebi que a minha companhia era muito gostosa. Por ser um cara calmo, ouvinte e atencioso, eu mesmo tomava minhas decisões e ficava feliz com elas. Percebi que no relacionamento eu também era assim, uma pessoa calma, tranquila e que estava sempre disposta a conversar e resolver tudo com paz – eu não era aquilo com que tentaram me rotular durante o término.

    Tudo o que eu ouvi de ruim, que na verdade eram desculpas para se livrar do peso de contar a verdade antes de ir embora, foi saindo da minha mente como num processo de formatação de uma memória de computador. A cada novo instante que eu vivia comigo, percebia que eu não era uma má companhia. Eu fui tomando as rédeas da minha vida nessa viagem e percebendo quanto tempo de qualidade eu havia perdido por ter alimentado o medo na minha vida. Quantas situações deixei de viver por ter medo. Isso é assustador. O medo de viajar sozinho era gigante, mas quando cheguei perto dele se tornou algo pequeno, irrisório, sem sentido.

    Naquele momento me perdoei por não ter me permitido viver outras coisas, mas prometi para mim mesmo que o medo se tornaria um sentimento que me protegeria de perigos da vida, mas que nunca mais me paralisaria. Foi libertador me ver no Rio de Janeiro sozinho. O término me fez ver que eu havia me abandonado, e a viagem estava me mostrando que eu não poderia cometer esse erro novamente.

Ao terminar de ler alguns capítulos do livro naquela noite carioca, deitei na cama e comecei a pensar em quão especial eu era. Me permiti voltar ao passado e reviver algumas memórias, e sabe o que eu via? Um Fábio cuidador, apaixonado, comprometido com o casal, cheio de planos e com muito foco no que eu queria para nós. Foi aí que comecei a me questionar por que a pessoa havia dito que eu era um ser humano difícil de conviver quando, na verdade, eu era parceiro em tudo. Aquelas memórias foram passando e passando no meu consciente como se fossem remédios para o meu presente. Eu acessei o passado e ele foi curando as minhas dores e angústias.

Comecei a perceber que o namoro havia acabado porque a pessoa não estava na mesma sintonia que eu, não porque eu não era uma boa companhia. Sempre fui muito focado e decidido, mas escolhi uma pessoa perdida, que se distrai facilmente, que se perde e depois tenta voltar atrás. Não é libertador você descobrir isso? Foi como quebrar o cadeado que me prendia a uma história que não fazia mais sentido. Foi nesse momento, sozinho, que precisei me encarar, me ver, me sentir, me agradar, me levar para passear, que minha mente foi me levando para pensamentos bons, para caminhos positivos, e me fazendo ver que eu valho a pena.

Eu me lembro como se fosse hoje de que naquela noite fui dormir com um sorriso no rosto. Eu acessava as minhas memórias e elas não me machucavam mais. Pelo contrário, elas me serviam de base para ver o quanto eu havia sido um parceiro incrível naquele relacionamento e o quanto eu poderia ser um parceiro incrível para mim mesmo a partir daquele momento. Fui dormir feliz e grato a Deus e ao universo pelas revelações.

No segundo dia, acordei mais leve. Me espreguicei na janela do hotel, de frente para o mar, e me levei para tomar café.

Prometi que naquela manhã não usaria o celular nem acessaria as redes sociais. As tecnologias são úteis, mas, ao começar o dia, se pudermos evitar, melhor. Tomei meu café com calma e fui até a piscina do hotel tomar um sol e me energizar. Usei o poder do sol e da luz para me blindar do que o dia pudesse me causar. Só após eu me sentir blindado, peguei o celular e acessei minhas mensagens. Para minha surpresa, o WhatsApp estava cheio de mensagens de amigos preocupados porque eu havia desaparecido. Tranquilizei a todos e disse que estava vivendo os melhores momentos da minha vida e que teria muitas histórias para contar.

Alguns amigos até acharam que eu tivesse encontrado alguém especial no Rio, mas mal sabiam que o maior encontro havia sido comigo mesmo. Esse segundo dia foi ainda mais especial. Eu estava focado em me ouvir, me sentir e me descobrir mais ainda. Havia percebido o poder curativo de nos ouvir e nos fazer companhia. Aproveitei o dia todo na piscina, conversei com outros hóspedes e até fiz amizade com uma baiana muito querida que estava passando as férias no Rio com os dois filhos. Conversamos muito sobre família, amigos, relacionamentos, e ela me contou a história de vida dela, que, em partes, se parecia com a minha, mas com detalhes mais delicados.

Ela foi abandonada pelo ex-marido com duas crianças pequenas. Ele conheceu outra mulher, uma argentina, e desapareceu. A última notícia que ela teve foi de que ele estaria na Argentina morando com essa mulher. Um casamento de dez anos virou um pesadelo. E sabe o que a salvou? Os dois filhos. Lutar pelas crianças fez essa baiana encarar a vida de frente e ela conseguiu dar a volta por cima após alguns anos nadando contra a correnteza. Ela até se permitiu viajar com as crianças sozinha para o Rio de Janeiro. Acho que sentimos naquele momento que tínhamos algo em comum: a vontade de voar.

Ainda no hotel, ela me apresentou uma outra moça, de Belo Horizonte, que também estava viajando sozinha. Uma simpatia de pessoa. Uma jovem mineira, viajante e que me fez ver que realmente eu estava atrasado nesse quesito de viajar sozinho. Ela já havia viajado para vários estados e países sem ninguém. Ouvi tantas experiências legais e incríveis dessa mineira que meus olhos brilharam ao descobrir que o mundo era tão bacana. Acho que eu havia me fechado muito para um relacionamento, e o término me fez ver que a vida é muito mais que um amor a dois e que podemos viver coisas incríveis mesmo sem ter alguém.

A mineira amou a minha história também e me chamou para sair à noite no Rio com alguns amigos que ela havia conhecido em viagens. Eu rapidamente aceitei, porque estava louco para conhecer a noite carioca, e foi maravilhoso. Fiz várias amizades, demos muita risada em um barzinho no Leblon. Não me lembro do nome da rua, mas era uma rua cheia de barzinhos lindos e gente bonita. Posso dizer que foi de longe melhor noite da minha vida. Eu nunca tinha sentido uma sensação tão boa de liberdade. Percebi que antes eu não era dono da minha história e da minha vida, mas que naquele momento estava tomando posse de tudo isso.

A cada pessoa que eu conhecia, a cada sorriso que eu via, percebia que eram pessoas fortes, felizes e donas da vida delas. É claro que tinham suas fraquezas e medos, mas isso não as impedia de viver bem e felizes. Sou muito grato a Deus por ter tido o privilégio de viver esse momento justo numa fase difícil da minha vida. Nessa viagem fiz amigos que levo comigo até hoje e descobri que não preciso de alguém para conhecer os lugares novos e fantásticos que esse mundo tem. Eu esmaguei o meu medo de viajar sozinho simplesmente porque me permiti viver esse medo. Na minha cabeça ele era enorme, mas na realidade era insignificante.

Não fiquei com ninguém no Rio de Janeiro, e naquela madrugada eu e a mineira voltamos para o hotel rindo muito das loucuras que a vida havia pregado na gente. Ela também tinha aprendido a se cuidar e a gostar da própria companhia após um término doloroso. Será que esse é o caminho? Se você estiver passando por um término, saiba que todas as pessoas que conheço se descobriram nesse momento. Então, se eu puder te dar um conselho, é que você se permita, viva, se descubra, se leve para passear, para tomar um sorvete, ao cinema, numa viagem, viva tudo o que tiver vontade de viver, sem a necessidade de ter alguém ao seu lado. Mesmo que no início não faça muito sentido, viva. Vá vivendo que no caminho tudo fará sentido.

Eu vivi três dias intensos no Rio de Janeiro e posso dizer que foi uma das melhores viagens que já fiz. Não foi a melhor porque depois dela fiz outras viagens sozinho que também foram surreais, mas a do Rio de Janeiro foi a primeira e, por isso, eu a acho muito especial. Foi nessa viagem que percebi que eu havia mesmo sido jogado no abismo do término amoroso, mas que estava conseguindo voar e fazendo voos lindos. Em vez de me maltratar ou me vitimizar, eu estava aprendendo a voar. E olha que eu tinha inúmeros motivos para me vitimizar. Geralmente uma traição faz todos ficarem te olhando como coitadinho, mas esse era um título que eu não queria na minha coleção.

Foi um conjunto de esforços que me fizeram voar. Posso citar alguns: eu não aceitei voltar ao relacionamento mesmo após a pessoa implorar várias vezes durante alguns meses, busquei terapia, intensifiquei as atividades físicas e me descobri ainda mais ligado ao *beach tennis*, me cerquei de amigos verdadeiros e os proibi de comentar assuntos do passado, me ocupei de trabalho e me joguei nos meus projetos pessoais, voltei a estudar inglês, me aproximei mais da minha família e me permiti viver mais os meus sonhos e menos os meus medos. Ah, também fui fazer ioga e aprender a meditar.

    Tive um time de pessoas envolvidas no meu processo de cura, e cada uma delas foi importante. Aprendi a olhar com amor para o meu passado e perdoar tudo o que me fizeram. Além de perdoar, sou grato por tudo o que fizeram. Foi graças a isso que passei a me ver como um ser humano único e cresci espiritualmente e como pessoa. Viajei para a Argentina e para o Chile acompanhado e sozinho, e nesses lugares conheci pessoas incríveis de várias nacionalidades. Vale citar a Ana Cláudia e a Tâmila, que conheci em Santiago, no Chile, e viraram minhas amigas. Inclusive, precisamos fazer novas viagens juntos. Viajei também com meus amigos do coração Lucas Chavenco e Raul Filho, dois cancerianos solteiros e maravilhosos que também aprenderam a voar após términos dolorosos. As viagens com eles são sempre demais.

    A vida me ensinou que para ser feliz eu não preciso de muito. São só algumas peças de roupas, uma mala, uns trocados no bolso e uma reserva em um hostel em algum canto do mundo. São tantos sonhos e lugares ainda para serem vividos. E nessa caminhada, se eu encontrar alguém, tenho certeza de que seremos muito felizes juntos. O meu processo de autoconhecimento me custou muito caro e, por isso, não me permito mais viver histórias ruins. Sou criterioso na hora de escolher alguém para embarcar comigo nessa. Aprendi que, diferentemente do que me falaram um dia, minha companhia é incrível, e ao meu lado não aceito nada inferior a isso. Me jogaram no abismo durante um término amoroso, mas com orgulho eu digo e grito para mim mesmo: eu aprendi a voar!

A VIDA É UMA SÓ E PASSA RAPIDAMENTE. ENTÃO, POR QUE PERDER TEMPO ESPERANDO UMA PESSOA ESPECIAL CHEGAR SE EU POSSO CURTIR O CAMINHO AGORA?

A construção das asas

Voar, na prática, é algo muito bonito e parece fácil aos olhos de quem está observando o voo do outro. Na verdade, é. Sim, é fácil voar. O difícil é conseguir a confiança para saltar e a construção das técnicas necessárias para conseguir se manter estável, feliz e com aquele frio na barriga delicioso de viver o novo.

Você já ouviu falar em um esporte chamado *wingsuit*? É uma das modalidades do paraquedismo, em que os praticantes saltam do topo de montanhas usando apenas um macacão com asas. O praticante geralmente é chamado de *birdman* ou "homem-pássaro". Acho que já deu para imaginar a loucura que é esse esporte. Ele salta de alturas incríveis e desce voando, planando, se equilibrando muito próximo às paredes das montanhas e penhascos. É algo surreal e chega a dar um frio na barriga.

Sugiro que você busque vídeos na internet e veja que técnica maravilhosa. Não estou te incentivando a praticar esse esporte, embora eu tenha muita vontade de tentar um dia e ver se realmente sei voar. O que eu quero te falar é da técnica maravilhosa que os praticantes desse esporte utilizam para conquistar voos cada vez mais bonitos e prazerosos. O sonho do homem sempre foi voar, e uma simples roupa de nylon com asas possibilitou que isso virasse realidade.

Lógico que voamos de outras formas, como nos aviões, mas um avião exige muita tecnologia e investimentos altíssimos e não nos oferece a sensação de ser um pássaro. No esporte a que me refiro, os braços do saltador viram asas, as pernas formam uma espécie de cauda e a estrutura da roupa se enche de ar após o salto, proporcionando o milagre da sustentação. E sabe o que os praticantes desse esporte têm em comum? Eles não têm medo de arriscar.

Você teria coragem de se jogar de um precipício somente com uma roupa com asas? Eu confesso que não sei se teria tanta coragem, porque morro de medo de altura. Talvez, se eu treinasse muito de outras formas, poderia tentar, mas mesmo assim morreria de medo quando chegasse a hora de saltar. Os praticantes desse esporte têm medo, mas não o deixam interferir no desejo de voar. Quando são entrevistados em reportagens e vídeos no YouTube, eles sempre dizem que tinham muito medo, mas foram aos poucos tomando coragem, aprendendo as técnicas, até conseguirem experimentar um salto de verdade.

Eles nem chamam de salto, mas de voo. Ao se jogar do penhasco, o medo vira combustível, a adrenalina vira atenção no cérebro e os braços se abrem para manter a sustentação do corpo no ar. O voo é tão perfeito que eles conseguem passar perto das paredes das montanhas, manobrar o corpo, fazer as próprias escolhas de rotas durante o voo, decidir onde querem passar, o que querem sentir no voo e aonde querem chegar. Voar é algo poderoso, e só quem experimenta um verdadeiro voo sabe do que estou falando.

Não precisamos comprar essa roupa com asas, estudar todas as técnicas e arriscar nossa vida se quisermos voar.

O voo é livre e está dentro da gente. Todos nós podemos voar na hora em que quisermos e para onde quisermos. Não dependemos de ninguém. A escolha é nossa. Mas, para isso, é preciso ir ganhando aos poucos confiança no que somos, no que sentimos, no que queremos e no lugar aonde pretendemos chegar.

NÃO É QUE EU NÃO SINTA MEDO. É QUE MEU MEDO DE NÃO SER FELIZ AGORA ME EMPURRA PARA VOOS CADA VEZ MAIS ALTOS.

Não é do dia para a noite que um filhote de pássaro aprende a voar. A mãe não precisa ensinar porque isso é do instinto da ave, e podemos observar os pequenos batendo as asas e gerando os primeiros atritos com o ar logo que conquistam as primeiras penas. Eu mesmo já observei muito isso quando morava no Mato Grosso, bem perto da divisa com o Amazonas. Foi naquele paraíso em meio à Floresta Amazônica que vivi minha infância e tive o privilégio de ver centenas de vezes como as araras dão os primeiros voos. É a partir da confiança nas primeiras penas e na força das asas.

Os primeiros voos são terríveis. Às vezes a arara voa, roda e cai, mas se levanta, bate as asas e ganha confiança outra vez. Só assim essas aves maravilhosas conquistam o prazer de voar e experimentar o maior prazer da vida: fazer as próprias rotas e escolher onde realmente querem pousar. Durante a minha caminhada, muitas vezes achei que não conseguiria voar. Eu tinha medo do novo e preferia ficar onde era mais confortável. Quando passei pelo término mais difícil da minha vida, minha única certeza era de que naquele lugar que havia me machucado, antes mesmo de aprender a voar, eu não queria pousar novamente.

Eu não percebia, mas só de estar fazendo isso já havia iniciado o meu processo de construção das asas. Com o passar dos dias, eu sentia que a cada passo que eu dava eu me aproximava mais de mim e me afastava mais do que havia me machucado. E quanto mais distante, mais eu queria manter essa dor lá, bem longe. Fui me ocupando com o que tinha em mãos. Levantava todos os dias cedinho e ia trabalhar na televisão, conversava com meus amigos de trabalho e focava muito a minha profissão. Ao voltar para casa, desligava a função repórter e acionava a função autocuidado. Nas minhas tardes eu treinava musculação e dedicava boa parte do dia à produção de conteúdo para as redes sociais.

Foi nesse período que conheci meu esporte favorito, o *beach tennis*. No início eu ia com minha irmã, que já era praticante, mas depois comecei a ir sozinho ao clube e fazer novos amigos. Passava as tardes de sábado, que era meu único dia de folga na época, jogando. Eu me envolvia com tudo o que pudesse e não queria saber nenhum tipo de notícia do passado. Queria que o passado ficasse onde deveria ficar: no passado. Busquei também terapia e conheci uma psicóloga maravilhosa que continua sendo minha terapeuta até hoje.

Lembro que na época fui me apegando onde dava, envolvendo pessoas no meu processo, lutando pelos meus sonhos, ocupando a cabeça com trabalho, esportes, livros e viagens. Costumo falar que todo esse processo foi o que me fez construir, aos poucos, as minhas próprias asas. Era muito bom olhar para trás e perceber que aquela dor estava sendo ressignificada a ponto de eu conseguir agradecer por tudo que havia acontecido. Era uma sensação de vitória, de merecimento, pois eu sentia que merecia me sentir melhor porque estava lutando por isso.

Escrevendo aqui e colocando tudo no papel parece que foi algo simples e rápido, mas não foi. O meu processo demorou, pelo menos, um ano, até que eu pudesse realmente olhar para trás e sentir gratidão inclusive pelo mal que me fizeram. De sofrimento eu diria que foram pelo menos uns quatro meses, porque realmente fui pego de surpresa, mas mesmo com a dor eu não queria nunca mais tocar naquela pessoa novamente.

O meu envolvimento com muitas atividades, trabalhos, terapias e tudo o que eu conseguisse colocar no meu processo me fez superar rápido. Eu digo rápido porque vejo algumas pessoas sofrendo durante anos por um término de relacionamento e acredito muito que cada ser humano tem seu processo e seu tempo. O meu tempo de cura não pode ser usado para comparação. Às vezes você consegue superar bem mais rápido ou bem mais devagar. O importante é seguir em frente, viver um dia de cada vez e ir sentindo aos poucos o gostinho de poder fazer as próprias escolhas. Um voo saudável é aquele em que você acorda, levanta da cama e não precisa de nada que não tenha nem de ninguém para ser feliz e se sentir bem. Você se levanta da cama e fica feliz pela oportunidade de viver mais um dia, liga para um amigo ou familiar e o convida para tomar um café, passear, ir a um barzinho sem hora para voltar para casa.

Ao viver um voo livre de verdade, você não se preocupa em ter as melhores roupas, o melhor celular, o melhor carro. O que você tem é suficiente para se vestir, fazer ligações ou sair dirigindo por aí. Quanto mais você voa, mais desapega do cargo que ocupa na empresa, do sucesso, do que conquistou materialmente. Você aprende que ter não é ser escravo do que se tem, e isso vale para objetos e pessoas. A gente só quer viver um dia de cada vez, e um dia de qualidade, para que as coisas e pessoas que conquistamos nos ajudem a voar mais alto e não se tornem pesos e prisões.

QUANTO MAIS VOCÊ VOA, MAIS DESAPEGA DO CARGO QUE OCUPA NA EMPRESA, DO SUCESSO, DO QUE CONQUISTOU MATERIALMENTE. VOCÊ APRENDE QUE TER NÃO É SER ESCRAVO DO QUE SE TEM, E ISSO VALE PARA OBJETOS E PESSOAS.

Voar é admirar o caminho e a paisagem, sentir o vento no rosto e não o ver somente como o ingrediente necessário para planar. É acordar e perceber que os motivos para agradecer e continuar a caminhada são muito maiores que os pensamentos ruins que podem rodear nossa mente. É sentir a liberdade como ela é. Cada conquista é comemorada, sentida e vivida com a intensidade que ela merece. Cada passo que se dá é comemorado também porque entendemos que somos livres e que não existe dinheiro algum no mundo que compre essa liberdade. Muitas pessoas temem a liberdade justamente por nunca terem sentido o prazer que é ser livre. Os pássaros que nasceram em gaiola também devem ter medo de voar, porque nunca sentiram a liberdade e nunca precisaram buscar alimento, porque a comida sempre esteve ali no comedouro.

Eu me lembro de que no início, após ficar sete anos ao lado de uma pessoa, eu sentia medo também. Nos acostumamos tanto com a rotina do outro que o processo para recuperar a nossa rotina e os nossos gostos não é tão fácil quanto parece. No entanto, a gente vai conquistando essa liberdade aos poucos. É um dia de cada vez, uma conquista por vez. O simples fato de ir à academia sozinho já pode ser uma conquista. Quando estamos namorando, dependendo do casal, até o treino acontece junto. O desejo de ir comer um lanche sozinho precisa ser comemorado, a vontade de ir ao shopping, ao cinema e até chegar ao ponto de viajar sozinho. É com uma conquista por vez e com espaço que se conquista a liberdade de voar.

O mais bacana é que, depois que você aprende a voar sozinho, até para se relacionar novamente é mais gostoso. Você não depende mais de ter alguém ao seu lado todos os dias como antes; você só quer uma companhia para dividir alguns momentos, não todos. Quando começa a namorar, você até quer incluir a pessoa na sua vida, mas sempre terá o cuidado de não misturar tudo outra vez e depois não saber mais quem é quem. Eu me lembro bem dos meus dias no *beach tennis*. Era uma delícia ir para o clube pela manhã sem precisar enviar uma mensagem para alguém e dizer que eu estava lá. Passava o dia todo, almoçava e, às vezes, até jantava com os amigos do esporte.

A sensação de liberdade era tão gostosa que o dia voava, eu nem via as horas passarem. Você se torna dono da sua vida, dono da sua rotina, dono das suas coisas, e não precisa mais mendigar a atenção de ninguém, muito pelo contrário: quem quiser que entre nessa programação para somar e não para questionar seus horários, sua rotina, sua vida. Se isso acontecer, pode ter certeza de que alguém amou suas asas gigantes e está tentando cortá-las. Daí, nesse caso, cabe a você saber se vão voar juntos ou se vão se prender em uma gaiola.

Meus mais sinceros agradecimentos a todos que me contaram suas histórias e à minha família, em especial à minha irmã, Franciele Guillen, que me apoiou e me ajudou nos momentos mais difíceis que passei na vida e durante a escrita deste livro. Gratidão a Mario Moreto, Lucas Chavenco, Raul Filho e Sandra Faxina, que me levantaram nos momentos em que a vida me derrubou e me apoiaram muito no livro; aos meus professores da faculdade de psicologia, que me ensinam diariamente teorias dessa ciência incrível; e a todos os meus seguidores nas redes sociais, que sempre me enchem de amor, alegria e esperança.

Editora Planeta Brasil | 20 ANOS

Acreditamos nos livros

Este livro foi composto em Alegreya e Basic Sans e impresso pela Geográfica para a Editora Planeta do Brasil em junho de 2023.